KB005958

리얼영어

REAL ENGLISH 리얼영어

초판 1쇄 인쇄 2018년 11월 7일
초판 1쇄 발행 2018년 11월 17일

지은이 진짜녀석들 대표 박영진
발행인 임충배
편집 양경자, 조은영
홍보/마케팅 김정실
디자인 여수빈
펴낸곳 도서출판 삼육오 (PUB.365)
제작 (주)피앤엠123

출판신고 2014년 4월 3일
등록번호 제406-2014-000035호

경기도 파주시 산남로 183-25
TEL 031-946-3196 / FAX 031-946-3171
홈페이지 www.pub365.co.kr

ISBN 979-11-89387-32-7 13740

이 도서의 국립중앙도서관 출판예정도서목록(CIP)은 서지정보유통지원시스템 홈페이지(http://seoji.nl.go.kr)와 국가자료공동목록시스템(http://www.nl.go.kr/kolisnet)에서 이용하실 수 있습니다. (CIP제어번호: CIP2018033840)

리얼영어
진짜 녀석들

REAL ENGLISH

01
리얼영어
선택영어 월별영어

Pub.365

재미있고 친근한 리얼영어

여러분들은 어떤 영어를 원하시나요?

고등교육을 마치며 수년간 영어를 접하며 영어에 대한 니즈가 끊이지 않는 모든 성인들은 열심히 영어공부를 했음에도 불구하고 항상 자괴감에 빠지고, 열정이 식어 작심삼일에 그치기 마련입니다.

피하고 싶어도 취업 때문에, 학업 때문에, 자기 계발의 목표로 항상 힘든 싸움을 하곤 합니다.

영어는 운전면허와 똑같다고 보셔도 됩니다.

운전면허 따기 전에 필기시험부터 보죠. 근데 엄청난 시간을 공부하진 않습니다. 다들 속성으로 배우고, 딱 필요한 부분만 배웁니다.

진짜 알아야 하는 교통법은 실제 운전하면서 터득을 합니다.

영어공부의 필기시험은 문법입니다. 하지만 회화에서 필요한 문법만 알면 됩니다.

결국 우리가 원하는 것은 외국인과의 소통입니다.

머리를 똑똑하게 만드는 문법에 집중을 하시겠나요? 아님 입을 똑똑하게 하는 '소통' 위주의 영어를 배우시겠나요?

리얼영어의 탄생은 이렇습니다.

사람은 각자 본인이 좋아하는 관심사가 다르며, 관심이 없는 분야에는 흥미를 느끼지 못합니다.

즉, 자신이 원하는 관심사에 맞게 골라서 공부를 해야 합니다. 그래야지 그다음 관심사를 자발적으로 고르고 흥미를 느끼게 됩니다.

리얼영어로 여러분들이 각자 원하는 영어를 가져가길 바랍니다.

선택영어

월별영어

자네, 오늘 어떤 영어가 필요한가?
리얼 영어

여러분들의 뇌는 아이처럼 단순하지 않습니다!

이미 수많은 생각과 지식들로 가득 찬 여러분의 뇌는
아이들처럼 단순한 학습방법으로 언어를 쉽게 습득할 수 없습니다.

- 언어 습득은 후순위
- 이미 정해진 관심사
- 바쁜 일상생활

그래서

필요한 것만 쉽고 빠르게 골라서 배우는,
리얼영어가 적합

36	8분	2,000
일반인들이 가장 많이 접하는 36개 상황	원리 원칙 배제한 짧은 표현으로 구성	2,000개가 넘는 실제 원어민 사용 리얼 표현

영어 수준에 관계없이 누구나 쉽고 빠르게!

현 영어 교육시스템 VS 진짜 녀석들 리얼영어 교육 시스템

LV10 ↑ LV1

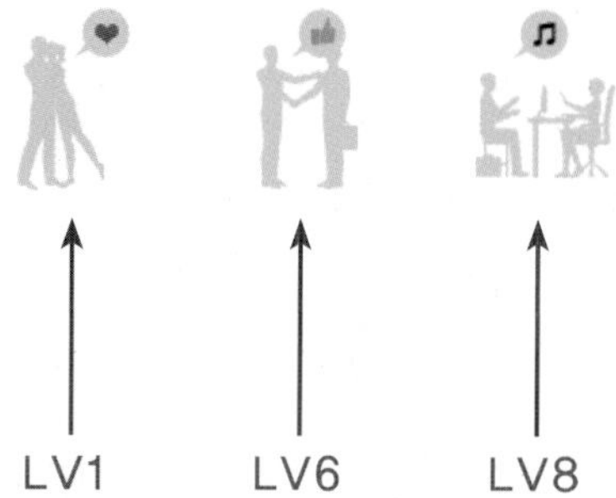

LV1 LV6 LV8

단계별 학습을 거쳐야만
외국인과 대화 가능한 구조

쉬운 단어 및 문장을 토대로
기존 교육 단계를 거치지 않아도
외국인과 바로 대화 가능한 구조

너무나 뻔한 교과서 회화는 이제 그만!

원어민이 진짜 사용하는 표현을 전달합니다.

친구와 헤어지며

"나한테 문자 해"

일반표현

"Send me a text message"

교과서적 회화 표현

⇒

리얼표현

"Text me"

원어민이 사용하는 심플한 표현

믿을 수 없는 얘기를 들은 상황에서 친구에게

"야, 저 말 믿냐?"

일반표현

"Do you believe that?"

믿다' 란 believe 동사를 사용한 교과서적 회화 표현

⇒

리얼표현

"You buy that?"

buy 동사를 사용하여 방금 말한 말을
사고 싶냐 라는 신세대적 표현

REALENGLISH

리얼영어

진짜 녀석들

리얼영어-선택

- 연애의 정석
- 호주 워홀
- 가족의 탄생
- 교환 학생
- 친구
- 외국인의 한국
- 밤 문화
- 면접스킬
- YOLO 여행
- 신입사원
- 자기 계발
- 해외 취업

연애의 정석_소개팅

카톡 연락

Have you ever been on a blind date before?

워밍업

Have you ever been on a blind date before? If so, how did it go?
소개팅을 해본 적이 있나요? 있다면, 어땠나요?

How do you contact a blind date for the first time?
소개팅 상대와 처음에 어떻게 연락을 하나요?

리얼 표현

MUTUAL FRIEND [주선자_공통의 친구]

그는
He is

우리의 친구다
our mutual friend

야,
Hey,

우린 있어
we have

서로 아는 친구가
a mutual friend → common friend

TEXT [문자]

문자 줘
Text me

너 한가할 때
when you are free

그녀에게 문자 하지 마
Don't text her

너무 많이
too much

TURN OFF [깬다]

진짜
That's

깬다
a turn off

걔 더러운 농담이
His dirty jokes

제일 깼어
were the main turn off

리얼 패턴

I HEARD + 주어 + 동사 [~라고 들었어요]

난 들었는데
I heard

승무원이라고
you are a flight attendant

맞나요?
Right?

난 들었는데
I heard

진이 너의 엑스라고
Jean was your X-boyfriend

연애의 정석_소개팅

행동수칙

How do you flirt with a girl(guy) on a first date?

워밍업

How do you flirt with a girl(guy) on a first date?
첫 만남에서 어떻게 꼬시죠?

What are some good questions to have a great conversation?
좋은 대화를 나누기 위한 괜찮은 질문들은 무엇이 있을까요?

리얼 표현

SPOT [특정 장소, 나와바리]

하게 해줘 데려가게 널
Let me take you

내 나와바리로
to my favorite spot

야,
Yo,

이곳은
this is

좋은 키스 장소야
a good kiss spot

FLIRT [작업 걸다]

나 알아 너 작업 거는 거
I know you flirt

근데 귀여워
and it's so cute

넌
You are

바람둥이야
such a flirt

CREEPY [소름 끼쳐]

잠시만
Wait

슬슬 소름 돋는다
This is getting creepy

나
Was I

변태 같았나요?
creepy?

리얼 패턴

I'M DOWN FOR + 명사 [~은/는 저는 좋아요]

난 좋아요
I'm down

난 좋아요
I'm down

아무거나
for anything

연애의 정석_소개팅

탈출계획

How can you get out of a date without hurting him or her?

워밍업

Have you ever had a blind date go horribly wrong?
소개팅이 엄청 별로이었던 적이 있나요?

How can you get out of a date without hurting him or her?
상대방에게 상처를 주지 않고 소개팅을 끝내는 방법이 있을까요?

리얼 표현

> FRIENDZONE [친구로 지내다]

난 시도했어 작업을 그녀에게
I tried flirting with her
그리고
and
그녀는 그냥 friendzone 했다 나를
she friendzoned me

난 friendzone했다 그를
I friendzoned him
그리고
and
그는 전화하지 않았다
he didn't call me

> NO SHOW [자리에 안 나오다]

저녁 약속이 있었다 4시에
I had a dinner reservation at 4
그리고
and
그녀는 나오지 않았다
she was a no-show

난 확실해
I'm sure
그가 안 나온 게
he pulled a no-show on you

> DRAMA QUEEN [과장하며 호들갑을 떠는 사람]

왜 안 받았어 전화?
Why did you not answer the phone?
만났어? 엑스?
Did you meet ur ex?

술 마셨어? 걔랑?
Did you drink with her?
아, 되지마 드라마퀸
Ah, don't be such a drama queen

리얼 패턴

> SOMETHING JUST CAME UP I'VE GOTTA GO [무슨 일이 생겼어요 가봐야겠어요]

뭔 일이 생겼어요
Something just came up
가봐야겠어요
I've gotta go

뭔 일이 생겼어요
Something just came up
내 개가 아파요
My dog is sick

연애의 정석_소개팅

애프터 받기

What do you do to get a second date?

워밍업

What do you do to get a second date?
애프터 신청을 받기 위해선 어떻게 해야 하나요?

What do you do when he/she's playing hard to get?
만약 상대가 너무 밀땅을 한다면 어떻게 하시겠나요?

리얼 표현

➤ SCORE [따내다]

만약 네가 들으면 내 말을 If you listen to me,	넌 따낼 수 있어 you can score	애프터를 the second date
말해줘 나에게 다 내가 할 일을 Tell me everything I need to do	따내기 위한 to score	애프터를 the second date

➤ PICK UP THE TAB [계산을 하다]

오 아니에요 Oh don't worry	내가 낼게요 I will pick up the tab	
그녀는 권했다 She offered	돈 내라고 to pick up the tab → Go Dutch	식사의 for the meal

➤ PLAY HARD TO GET [밀땅하다]

걔랑 데이트하지마 Don't date him	만약에 그가 밀땅하면 if he plays hard to get	
그녀는 계속 밀땅했다 She kept playing hard to get	그래서 so	난 차단했다 그녀를 I blocked her

리얼 패턴

➤ IS IT OKAY IF I + 동사 [~해도 될까요?]

괜찮나요? Is it okay	만약 내가 데이트 신청해도? if I take you out on a date	언젠가 sometime?
괜찮나요? Is it okay	물어봐도 if I ask for	너 번호 your number?

연애의 정석_데이트

사랑표현

What do you do to make your girlfriend/boyfriend happy?

워밍업

What do you do to make your girlfriend/boyfriend happy?
여자친구/남자친구를 행복하게 해주기 위해서 무엇을 하나요?

How often do you say 'I love you' to your girlfriend/boyfriend?
여자친구/남자친구에게 사랑한다는 말을 얼마나 자주 하나요?

리얼 표현

➤ BABY [자기야]

내가 말했지 I told you / 사랑한다고 I love you / 자기야 baby girl | 좋은 아침 Morning / 자기야 baby cake!

안녕, Hey, / 자기 bae → gorgeous / adorable / pretty / lovely /cutie good looking / hottie

➤ GOOD LISTENER [잘 들어주는 사람]

그녀는 사랑해 날 She loves me / 왜냐면 because / 난 잘 들어줘 I'm a good listener

넌 돼야 해 You need to be / 잘 들어주는 사람이 a good listener / 아니면 or / 걔 열 받을걸 she will get mad

➤ SOUL MATE [정신적으로 의지할 수 있는 사람]

난 생각 해 I think / 네가 내 소울메이트란 걸 you are my soul mate

난 찾았어 I've found / 내 소울메이트를 my soul mate / 그리고 and / 그건 자기야 it's you honey

리얼 패턴

➤ I CAN'T STOP + 동사ING [~을/를 하지 않을 수가 없어]

난 멈출 수 없어 I can't stop / 생각하는 걸 너를 thinking about you

그는 그녀를 떠났어 He left her / 그리고 and / 그년 참을 수 없었어 she couldn't stop / 우는 걸 crying

연애의 정석_데이트

데이팅 팁

What do you usually do when you meet your girlfriend/boyfriend?

워밍업

What do you usually do when you meet your girlfriend/boyfriend?
남친/여친을 만나면 주로 무엇을 하시나요?

How often do you see a person you just started dating?
이제 막 시작한 연인과 얼마나 자주 만나시나요?

리얼 표현

➤ MAKE UP [화장하다]

난 해야 해 I need to	화장을 put on makeup
난 고치고 싶어 I want to fix	화장을 my makeup

➤ LOOKS GOOD ON YOU [잘 어울린다]

우와, Wow,	잘 어울린다 it looks good on you	
있잖아 You know what?	모든 건 Everything	잘 어울려 자기에게 looks good on you

➤ HYPED [너무 신나]

에버랜드? Everland?	완전 신나 I'm so hyped
당일치기 여행? One day trip?	완전 신나 I'm so hyped

리얼 패턴

➤ WHY DON'T WE + 동사 [~하는 것은 어때?]

하는 건 어때? Why don't we	쇼핑 go shopping?
하는 건 어때? Why don't we	영화 watch a movie?

연애의 정석_데이트

스킨십

What is your general opinion on PDA?

워밍업

What is your general opinion on PDA?
스킨십에 대해서 어떻게 생각하시나요?

When it comes to PDA, how much is too much?
스킨십에 대해서 어느 정도가 심한 스킨십이라고 생각하시나요?

리얼 표현

➤ LINKING ARMS [팔짱을 끼는 것]

남친과 함께는
With my boyfriend,

난 항상 팔짱 껴요
I always link arms with him

그녀가 팔짱 꼈어 나와
She linked arms with me

그리고 난 행복했어
and I was so happy

➤ AWKWARD HUG [뻘쭘한 포옹]

어젯밤
Last night,

난 줬어 그녀에게
I gave her

뻘쭘한 포옹을
an awkward hug

그리고 그녀는 받지 않아 내 전화를
and she is not answering my call

왜 그래
What's

뻘쭘한 포옹
with the awkward hug?

➤ GET A ROOM [야 그냥 방을 잡아]

키스하지마 여기서
Don't kiss here

방을 잡아
Go get a room

할 수 있어 너희 둘?
Can you two

방 잡는 거
get a room?

역겨워지려 그래
It is getting disgusting!

리얼 패턴

➤ DO YOU MIND IF I + 동사 [~ 해도 괜찮을까요?]

해도 괜찮을까요?
Do you mind

만약 너한테 키스해도
if I kiss you?

난 상관없어
I don't mind

만약 네가 팔짱 껴도 나에게
if you link arms with me

mind는 [~하기를 꺼려하느냐]라는 부정적인 표현이므로 의역을 할 때는 [~해도 될까?, ~하면 안 될까?]라고 해석은 되지만 대답이 중요하다.
긍정: No, I don't mind.
(꺼리지 않으니 해도 된다는 뜻)
부정: Yes, I mind.
(꺼린다고 하니 하면 안 된다는 뜻)

연애의 정석_데이트

잠자리

How many dates does it usually take you to have sex?

워밍업

How many dates does it usually take you to have sex?
보통 성관계를 하기까지 몇 일정도 걸리나요?

How do you ask your girlfriend/boyfriend to have sex?
남친/여친에게 성관계를 맺자는 말을 어떻게 전하나요?

리얼 표현

➤ HOT DATE [성관계까지 이어질 수 있는 데이트]

난 있어 핫데이트가 I got a hot date	오늘 밤 tonight

➤ GET LAID [성관계를 맺다]

난 하고 싶어 I wanna	너랑 성관계를 get laid
너 하고 싶어? You wanna get laid	오늘 밤 tonight?

➤ DEAD SERIOUS [열라 진지해]

제니야 Hey Jenny,	나 열라 진지해 I'm dead serious	
나 원해 I want	너와 있는 걸 오늘 밤 to stay with you tonight	나 열라 진지해 I'm dead serious

리얼 패턴

➤ I KNOW IT'S CRAZY, BUT ~ [알아 미친 거, 하지만~]

알아 미친 거 I know it's crazy	하지만 but	나 자고 싶어 오늘 밤 I wanna get laid tonight
알아 미친 거 I know it's crazy	하지만 but	나와 있어 줘 오늘 밤 please stay with me tonight

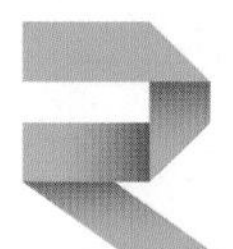

연애의 정석_트러블

권태기

How long does it take for you to get bored in your relationship?

워밍업

How long does it take for you to get bored in your relationship?
연인 사이에서 권태기는 언제 느끼나요?

How do you deal if your relationship gets boring?
연인과의 권태기를 어떻게 극복하시나요?

리얼 표현

➤ IN A RUT [권태기]

내 생각에
I think

우리 권태기인듯해
we are in a rut

우리 관계가
Our relationship is

조금 지루한 듯해
in a rut

우린 그냥
We just

조금 지루해졌어
got a little bored

서로에게
with each other

➤ OPPOSITES ATTRACT [다른 성향의 사람들은 서로에게 끌린다]

우린 달라
We are different

하지만 괜찮아
but it's OK

난 들었어
I heard

다른 성향에 끌린다고
opposites attract

다른 성향에 끌려요?
Do opposites really attract?

➤ LONG DISTANCE RELATIONSHIP [장거리 연애]

난
I'm

롱디 중이야
in a long distance relationship

난 못해
I can't

롱디를
have a long distance relationship

리얼 패턴

➤ I'M SICK AND TIRED OF + 명사/동사ING [~하는 게 정말 지치고 짜증 나]

난 그냥
I'm just

지치고 힘들어
sick and tired

우리 관계가
of our relationship

난 지치고 힘들어
I'm sick and tired of

듣는 게
hearing

너의 변명
you complain

연애의 정석_트러블

바람

Have you ever cheated on your girlfriend/boyfriend?

워밍업

Have you ever cheated on your girlfriend/boyfriend?
바람 핀 적이 있나요?

What does and does not count as cheating?
바람이라고 생각하는 것과 그렇지 않은 것은 어떤 것들이 있나요?

리얼 표현

➤ CHEATING ON ME [바람을 피우다]

난 생각해 I think	내 남친이 바람피우고 있는 걸 my boyfriend is cheating on me	내 총 어딨냐? Where is my gun?
솔직해져 나와 Be honest with me	너 바람피워? Are you cheating on me?	

➤ GOT CAUGHT CHEATING [바람 피우는 것을 들키다]

난 바람피웠어 I cheated on	내 남친에게 my boyfriend	그리고 and	들켰어 got caught
내 여친은 잡았어 My girlfriend caught me	나를 바람피우는 거 cheating on her		

➤ LAME EXCUSE [지질한 변명]

있잖아 You know what?	그건 지질한 변명이야 That's such a lame excuse!	
넌 만들면 안 돼 You should not make	지질한 변명을 lame excuses	일을 안 하려고 to avoid work

리얼 패턴

➤ YOU NEVER TOLD ME ABOUT + 명사 [넌 절대로 ~에 관해서 말한 적이 없어]

넌 절대 말 안 했어 나에게 You never told me	그녀에 대해서 about her	
넌 절대 말 안 했어 나에게 You never told me about	파티에 대해 the party	어젯밤 last night

연애의 정석_트러블

이별

How do you break up with your girlfriend/boyfriend?

워밍업

How do you break up with your girlfriend/boyfriend?
연인과 어떻게 헤어지시나요?

How do you break up without hurting them?
상처를 주지 않고 헤어지는 방법이 있나요?

리얼 표현

➤ DUMP [버리다 란 뜻으로 연인을 차다라는 표현으로 사용]

난 차버렸어 I dumped	내 여친을 my girlfriend	
난 차였어 I got dumped	내 남친에게 by my boyfriend	어젯밤 last night

➤ GET OVER [누군가를 완전히 잊다]

난 이제 잊었어 I just got over	내 엑스를 my ex
난 잊었어 그녀를 I got over her	그러니 너도 할 수 있어 so you can too

➤ REBOUND [갈아타기]

불행하게도 넌 Unfortunately,	누군가의 you are	갈아타기야 someone's rebound
넌 아무것도 아니야 You are nothing	갈아타기 여자를 제외하곤 more than a rebound girl	

리얼 패턴

➤ I KNOW IT'S HARD, BUT + 주어 + 동사 [알아 힘든 거, 하지만~]

알아 힘든 거 I know it's hard	하지만 but	나 너와 헤어지고 싶어 I want to break up with you	난 필요해 내 공간이 I just need my space
알아 힘든 거 말하는 게 I know it's hard to say,	하지만 but	난 그냥 사랑 안 해 너를 I just don't love you	더 이상 anymore

재결합

Have you ever gotten back together with one of your ex-boyfriends/girlfriends?

워밍업

Have you ever gotten back together with one of your ex-boyfriends/girlfriends?
전 연인과 다시 사귀게 된 경험이 있나요?

What are some good ways to get your one of your ex-boyfriends/girlfriends back?
전 여친/남친과 다시 만날 수 있는 좋은 방법이 무엇이 있나요?

리얼 표현

➤ GET BACK TOGETHER [헤어졌던 연인을 다시 만나다]

우린 헤어졌어 그리고 다시 만났어 엄청 많이
We broke up and got back together multiple times

나는 원해 다시 만나는 걸 엑스와
I want to get back together with my ex

➤ A LOT OF FEELINGS [아직 감정이 남아 있을 때 사용]

난 아직 있어 많은 감정이 그녀와의
I still have a lot of feelings for her

➤ KISS AND MAKE UP [키스한 후 화해하다는 뜻으로 헤어졌던 연인의 재결합을 표현하기도 한다]

우린 키스했어 그리고 화해했어
We kissed and made up

난 원해 너를 다시 자기야 난 원해 키스하는 거 그리고 화해
I want you back babe I want to kiss you and make up

리얼 패턴

➤ I WAS WRONG TO THINK THAT + 주어 + 동사 [난 잘못 생각했었어 네가~]

난 잘못 생각했었어 네가 사랑하지 않는 걸 나를
I was wrong to think that you don't love me

난 잘못 생각했었어 네가 다치게 하는 걸 나를
I was wrong to think that you hurt me

밤 문화_1차 술집

소주 한잔

How often do you drink?

워밍업

How often do you drink?

얼마나 자주 술을 드시나요?

When you drink, what do you usually drink, and how much?

술을 마실 때, 무슨 술을 자주 드시나요? 그리고 얼마만큼 드시나요?

리얼 표현

> SHOT [한 잔]

헤이 진
Hey Jean,

한잔하자!
Let's take a shot!

난 마실 거야
I'll have

테킬라 한잔을
a shot of tequila

> BOMB DRINK [폭탄주]

내 상사는 항상 줘 나에게
My boss always offers me

폭탄주를
a bomb drink → Bomb Shots / Mixed Drink

몇몇 한국 사람은 말해
Some Koreans say

폭탄주가 도와준다고
that bomb drinks help

부드러운 관계를
smooth relationships

> BOTTOMS UP [원 샷]

오케이 얘들아
Alright guys,

원 샷 해
bottoms up! → Toast / Salute

리얼 패턴

> DO YOU THINK YOU CAN + 동사 [넌 ~ 할 수 있을 거라 생각해?]

넌 생각 해?
Do you think

네가 끝낼 수 있는 걸
you can finish

한 병 다를
the whole bottle?

넌 생각 해?
Do you think

네가 마실 수 있는 걸
you can drink

테킬라 10잔을?
10 shots of tequila?

밤 문화_1차 술집

술 문화

Do you know drinking etiquette in Korea?

워밍업

Do you know drinking etiquette in Korea?

한국의 술 문화에 대해 알고 계시나요?

If you work, how many times do you drink with your colleagues per week?

만약 직장인이시다면, 한 주에 몇 번 정도 술을 드시나요?

리얼 표현

➤ THE ROUNDS [차]

일차는 The first round	모였었어 was attended	모든 멤버들로 by all members
보통 Normally,	많이 마시는 것은 행해져 heavy drinking is done	2차에서 at the second round

➤ STAFF DINNER [회식]

우리는 있어 회식이 We have a staff dinner	오늘 밤 7:30에 tonight at 7:30	
난 이해 안 돼 I don’t understand	왜 내가 출석해야 하는지 why I have to attend	회식에 a staff dinner → TEAM DINNER / CORPORATE DINNER

➤ SPLIT THE BILL [더치페이]

더치페이하자 Let’s split the bill!	
그냥 우리 할까요? Can we just	더치페이를 spilt the bill?

리얼 패턴

➤ DON’T MAKE ME + 동사 [내가 ~하게 하지 마]

날 만들지마 Don’t make me	화나게 angry	마셔 Drink it up!
날 만들지마 Don’t make me	말하게 너한테 다시 tell you again	회식은 8시야 Staff dinner is at 8

밤 문화_1차 술집

술 조절

How do you control your drinking?

워밍업

How do you control your drinking?

어떻게 술을 조절하시나요?

Are you a heavy drinker?

술을 많이 드시는 편이신가요?

리얼 표현

➤ CUT DOWN [줄이다]

넌 줄이는 게 좋아 You'd better cut down	술을 on drinking!
줄여 Cut down	담배를 on smoking!

➤ TAKE A SIP [한 모금 마시다]

전 말랐어요 I'm a light weight,	하지만 한 모금 마실게요 but I'll take a sip
안 할래? Why don't you	한 잔 take a sip?

➤ DRINK LIKE A FISH [말술]

너 술 마셔? 케빈이랑 You will drink with Kevin?	조심해 Be careful!	걔 말술이야 He drinks like a fish	
너 문제가 뭐야? What's the matter with you?	넌 마셨었어 You've been drinking	말술처럼 like a fish	며칠 동안 for days

리얼 패턴

➤ I'M ASKING YOU TO + 동사 [너에게 ~을 해달라고 부탁하다]

난 부탁해 너에게 I'm asking you	마시라고 내 잔을 to drink my shot		
난 부탁하지 않아 너에게 I'm not asking you	많이 마시라고 to drink a lot	넌 그냥 해도 돼 You can just	조금만 마셔도 take a sip

밤 문화_1차 술집

취한 상태

How do you know if you are drunk?

리얼영어-선택

리얼영어-월별

워밍업

How do you know if you are drunk?

본인이 취했다는 것을 어떻게 아시나요?

Can you control yourself when you're drunk?

본인이 취했을 때, 자제를 할 수 있나요?

리얼 표현

➤ SOBER [술에 취하지 않은]

난 그랬었음 좋았겠다 I wish	안 취했더라면 I was sober
그녀는 안 취했었어 She was sober	내가 취했을 때 when I was drunk

➤ TIPSY [알딸딸한]

난 조금 알딸딸해 I'm a little tipsy	오늘 밤은 tonight	
언제든지 그가 알딸딸하면 Whenever he gets tipsy,	그는 항상 하려고 해 he always insists	돈 내는 걸 on paying

➤ DRUNK [술에 완전 취한]

내 남친은 My boyfriend	너무 취했어 is so drunk
난 엄청 취했어 I was dead drunk	어젯밤에 last night

리얼 패턴

➤ I DON'T THINK I CAN + 동사 [나 ~을/를 못할 것 같아]

난 생각하지 않아 I don't think	내가 마실 수 있다고 I can drink	샷을 the shot
난 생각하지 않아 I don't think	내가 머물 수 있다고 I can stay any longer	난 조금 알딸딸해 I'm a little tipsy

밤 문화_2차 클럽

클럽 입장

How often do you go clubbing?

워밍업

How often do you go clubbing?

얼마나 자주 클럽에 가시나요?

Are there any nice clubs you can recommend?

본인이 가는 좋은 클럽을 말해줄 수 있나요?

리얼 표현

➤ HIT THE CLUB [클럽에 가다]

브로, Bro,	우린 할 거야 we are gonna	클럽 가는 걸 오늘 밤 hit the club tonight!
하고 싶어? Wanna	클럽 가는 걸 hit the club	1차 후에 after the first round?

→ go clubbing / go dance?

➤ COVER CHARGE [입장료]

얼마야? How much	입장료 is the cover charge?
XXX 클럽은 받지 않아 Club XXX is not asking	입장료를 for cover charge

➤ COAT CHECK [코트 체크]

알아 I know	이건 웃긴 질문인 걸 it's a silly question,	그런데 but	있어 코트 체크? is there coat check	그 클럽에 in that club?

얼마 내야 해? How much should I pay	코트 체크 비용 for the coat check?

리얼 패턴

➤ I JUST WANT TO + 동사 [난 단지 ~ 을/를 하고 싶을 뿐이야]

난 그냥 춤추고 싶어 I just wanna dance	그리고 그걸로 돼 and that's it		
왜~ 나 헤어졌잖아 You know I broke up	남친이랑 with my boyfriend	난 그냥 술 마시고 싶어 I just wanna drink	그리고 놀고 싶어 and have fun

밤 문화_2차 클럽

클럽 사람

What type of person are you in a club?

워밍업

What type of person are you in a club?

당신은 클럽에서 어떠한 사람인가요?

What types of people have you encountered in a club?

클럽에서 어떠한 사람들을 만나보셨나요?

리얼 표현

➤ SMOKING HOT [엄청 예쁘거나 잘생긴 사람]

오마이갓
OMG!

그녀는 겁네 예뻐
She is smokin' hot!

난 봤어 그녀의 춤을
I saw her dancing

그리고
and

그녀는 겁네 예뻤어
she was smokin' hot!

➤ WINGMAN [여자/남자 꼬시는 것을 도와주는 친구]

난 너의 윙맨이야
I'm your wingman

오늘 밤
tonight

아 좀~ 진
Oh c'mon Jean

내 윙맨 되어줘
Be my wingman

오늘 밤
tonight

➤ DOUCHEBAG [지질한 놈]

선글라스?
Sunglasses

클럽에서?
in the club?

그는 지질한 놈이네
He is a douchebag!

오마이갓
OMG !

봐 저 지질이
Look at that douchebag

그는 입고 있어 티셔츠를
He is wearing a T-shirt

완전 꽉 끼는
so tight

리얼 패턴

➤ I THINK YOU BETTER + 동사 [난 네가 ~하는 게 나을 것 같아]

난 생각해
I think

나을 것 같다고 다른 사람 찾는 게
you better find someone else

난 그냥 여기 왔어 춤추러
I just came here to dance

난 생각해
I think

나을 것 같다고 술 그만 마시는 게
you better stop drinking

밤 문화_2차 클럽

파티타임

How long do you normally stay when you hit the club?

워밍업

How long do you normally stay when you hit the club?
클럽에 가면 보통 얼마나 있나요?

Do you just dance in the club? Or what else do you do to have fun?
클럽에서 춤만 추나요? 아니면 다른 재미있는 걸 하기도 하나요?

리얼 표현

➤ PARTY ANIMAL [파티를 즐기는 사람]

너 클럽 간다고 또
You going to club again?
넌 파티애니멀이야
You are a party animal

오, 진?
Oh, Jean?
그래~ 난 들었어
Yeah I heard
그가 파티애니멀이란 거
that he is a party animal → partygoer, clubber

➤ LIT [신나게 놀다/흠뻑 취하다]

브로,
Bro,
미치게 놀자!
let's go get lit!

미치게 놀자 오늘 밤
Down to get lit tonight!

➤ TURN IT UP [소리를 키우다 라는 뜻으로 신나게 논다라는 표현]

요!
Yo!
우리 파티해 오늘 밤
We party tonight
신나게 놀 거야
We're gonna turn it up!

뭐해야 하는지 알지?
Ya know what to do man!
놀자!
Turn it up!

리얼 패턴

➤ YOU DON'T WANT TO + 동사 [넌 ~을/를 하지 않는 게 나을걸]

넌 안 하는 게 나을 걸
You don't want to
이걸
do this

넌 안 하는 게 나을 걸
You don't want to
이 파티 놓치는 걸
miss this party
진이 오거든
Jean is coming

밤 문화_2차 클럽

개만취

What happens when you drink too much?

워밍업

What happens when you drink too much?
당신은 술을 엄청 많이 마시면 어떻게 되나요?

Can you tell how drunk you are?
본인이 얼마나 취했는지 알 수 있나요?

리얼 표현

➤ WASTED [너무 취한 상태]

어젯밤?
Last night?
난 너무 취했었어
I was so wasted → hammered (I was so hammered) / f**ked up (I was so f**ked up)
봤어 진?
Did you see Jean
클럽에서
in the club?
그는 그냥 완전 취했었어
He was just so wasted

➤ THROW UP [토를 하다]

오마이갓!
OMG!
난 생각해 토할 걸
I think I'm gonna throw up
난 계속 토했어
I've been throwing up
밤새도록
all night

➤ BOUNCE [있던 곳에서 나가다]

이제 시간 됐어
It's about the time
가자
Let's bounce
헤이 진
Hey Jean,
이미 4시야
it's already 4am
나 가야 해
I gotta bounce

리얼 패턴

➤ I REMEMBER +동사ING [난 ~한 것을 기억해]

난 기억해
I remember
마신 걸
drinking
3번째 잔을
the third shot
그리고 난 죽었었어
and I was dead
난 기억 못 해 얘기한 걸 그녀와
I don't remember talking to her
나 뭐 실수했어?
Did I do something wrong?

밤 문화_숙취

해장

How do you cure a hangover?

워밍업

How do you cure a hangover?
해장은 어떻게 하시나요?

Do you think spicy food is good for a hangover?
얼큰한 음식이 숙취에 좋다고 생각하시나요?

리얼 표현

HANGOVER [숙취]

맨
Man

나 죽겠어
I got a hangover

맨
Man

나 죽겠어
I'm so hungover

NAUSEOUS [구역질 나는]

오마이갓
OMG!

나 마셨어 너무 많이
I drank too much

어젯밤
last night

구역질 나
I feel nauseous

넌 보이지 않아 정상처럼
You don't look normal

넌 아마
You are probably

죽겠나 봐
nauseous

MIGRAINE [편두통]

나 있어
I have

편두통이
a migraine

그리고 죽을 거 같아
and it's killing me

나 필요해
I need

먹을 게
to eat something

나 편두통 있어
I got a migraine

리얼 패턴

I WANT SOMETHING + 형용사 [난 ~것을 원해]

난 원해 무언가 매운 걸
I want something spicy

내 숙취를 위해
for my hangover

난 원해 무언가 차가운 걸
I want something cold

숙취 때문에 죽겠어
I'm so hungover

밤 문화_숙취

기억

Do you remember what you did after you get drunk?

워밍업

Do you remember what you did after you get drunk?
술 마신 후에 기억을 잘하는 편인가요?

What do you do to recall your memories after you get drunk?
취한 후에 기억을 되찾기 위해서 무엇을 하시나요?

리얼 표현

➤ BLACK OUT [필름이 끊기다]

난 마셨어 I drank	10잔의 테킬라를 10 shots of tequila	전에 before	필름 끊기기 I blacked out
난 종종 필름이 끊겨 I usually black out	3차에서 on the third round		

➤ BLUR [흐릿한 형체의 뜻으로 기억이 잘 나지 않는다는 표현]

어젯밤은 Last night	기억이 흐릿해 was a blur
무슨 일이 났던 그날 밤에 Whatever happened on that night	그냥 흐릿해 was just a blur

➤ DRUNK CALL/TEXT [취한 상황에 건 전화 혹은 보낸 문자]

있잖아 You know what?		나 받았어 취한 전화를 I got a drunk call	엑스한테서 어젯밤에 from my ex last night
오마이갓! OMG!	나 어떻게 해야 해 What should I have to do?	나 보냈어 취한 문자를 I sent a drunk text	제니퍼에게 어젯밤 Jennifer last night

리얼 패턴

➤ YOU HAVE TO ADMIT THAT + 주어 + 동사 [넌 ~ 인정해야 해]

넌 인정해야 해 You have to	네가 너무 취한 걸 admit that you were so drunk		어젯밤에 last night
너 보냈어 취한 문자를 You sent a drunk text	제니에게 어젯밤 to Jenny last night	넌 인정해야 해 You have to admit that	네가 아직 사랑하는 걸 you still love her

밤 문화_숙취

실수

What are your drinking habits?

워밍업

What are your drinking habits?

술 주사가 있나요?

Why do you think you keep making mistakes when you are drunk?

술에 취하면 왜 항상 실수한다고 생각하나요?

리얼 표현

➤ DRINKING HABIT [술버릇]

진?
Jean?

하지 마 전화
Don't call him

그는 가지고 있어 나쁜 술버릇을
He's got a bad drinking habit

난 원해 없애는 걸
I want to break

내 술버릇을
my drinking habit

➤ DUI (Driving Under the Influence) [음주운전]

하지 마 운전 지금
Don't drive now

넌 잡힐 거야 음주운전으로
You will get a DUI

나 어떻게 해?
What should I do?

나 잡혔어 음주운전 어젯밤
I got a DUI last night

➤ PISSED OFF [빡치다]

그는 전화했어 나에게 4시에
He called me at 4 am

나 진짜 빡쳐
I'm so pissed off

그는 존*
He f**king

빡치게 했어 나를
pissed me off

리얼 패턴

➤ WHAT'S THE POINT OF + 동사ING [~하는 게 무슨 소용이야?]

무슨 소용이야? 후회하는 게
What's the point of regretting?

난 그냥 마셨어 너무 많이
I just drank too much

봐봐 진
Look Jean!

무슨 소용이야? 말하는 게
What's the point of talking?

어젯밤은 그냥 흐릿했어
Last night was just a blur

밤 문화_숙취

후회

Do you regret drinking the next morning?

워밍업

Do you regret drinking the next morning?

술을 마신 다음 날 후회를 하나요?

Tell me what you regret about the next morning

술 마신 다음 날 어떤 부분에 대해서 후회를 하는지 말해주세요

리얼 표현

➤ BEER BELLY [맥주를 마시고 배가 나온 상태]

나 필요해 뛰는 게
I need to go on a run

난 있어
I have

엄청 큰 맥주 뱃살이
a huge beer belly

봐봐 내 맥주 뱃살을
Look at my beer belly

난 필요해 술 끊는 걸
I need to stop drinking

나 심각해
I'm serious

➤ SHITFACED [곤드레만드레 취하다]

어젯밤
Last night,

난 정말 곤드레만드레 취했었어
I was so shitfaced

그는 마셨어 더 많이
He had more than

8잔의 테킬라 보다
8 shots of tequila

그는 정말 곤드레만드레 취했었어
He was so shitfaced

➤ BROKE [파산]

나 썼어 너무 많이 어젯밤에
I spent too much last night

이제 난 파산이야
Now, I'm broke

내가 냈어? 또?
Did I pay again?

오마이 갓 난 파산이야
OMG! I'm broke

리얼 패턴

➤ I NEED SOMEONE TO + 동사 [~해줄 누군가가 필요해]

난 필요해 누군가가
I need someone

나에게 줄 충고를
to give me advice

넌 필요해 누군가가
You need someone

말을 할
to talk

너의 문제에 대해
about your problem

호주 워홀_정착

입국

Have you ever been to other countries?

워밍업

Have you ever been to other countries?

다른 나라에 가 본 적이 있나요?

Have you ever encountered any problem at the airport?

공항에서 문제가 발생한 적이 있나요?

리얼 표현

➤ PURPOSE OF VISITING [방문 목적]

A 목적이 뭡니까? 방문의
What is your purpose of visiting?

B 관광이요 / 업무요 / 공부요 / 휴가요 / 친구 보러요
For sightseeing / business / study / holiday / friend

➤ BAGGAGE CLAIM [수화물 찾기]

A 어디서 찾나요 내 수화물을
Where do I collect my baggage (luggage)?

B 도와줄래요 찾는 걸 내 수화물을
Can you help me find my baggage?

➤ TO DECLARE [신고하다]

A 있나요? 무언가 신고할 것이
Do you have anything to declare?

B 아니요
No, I don't

리얼 패턴

➤ I CAN'T BELIEVE THAT + 주어 + 동사 [난 ~믿을 수가 없어]

오마이갓 진짜 미안해요 난 믿을 수가 없어요 내가 가지고 온 것을 이걸
OMG! I'm so sorry I can't believe that I brought this

난 믿을 수가 없어 이 일이 일어나는 걸
I can't believe that this is happening

호주 워홀_정착

핸드폰 개통

What do you know about setting up a cell phone overseas?

워밍업

What do you know about setting up a cell phone overseas?
해외에서 핸드폰을 개통하기 위해서 무엇을 해야 하나요?

What's the cheapest way to use your cell phone overseas?
당신의 핸드폰을 다른 나라에서 사용하는 가장 저렴한 방법이 무엇인가요?

리얼 표현

➤ PREPAID PHONE [선불 방식의 핸드폰]

나는 원해 갖는 / 걸 프리페이드 핸드폰을
I want to get a prepaid phone

얼마를 내야 해 / 가지려면 프리페이드 핸드폰을
How much do I pay to get a prepaid phone?

➤ TOP UP [핸드폰 선불카드 충전]

나는 원해 충전을 / 내 핸드폰의
I want to top up my phone

안녕, / 나는 원해 충전을 / $30
Hi, I want to top up $30

➤ CELL PHONE PLAN [매달 돈을 지불하는 방식의 계약]

말해줄래 / 가장 싼 핸드폰 계약을
Can you tell me the cheapest cell phone plan?

나는 가지길 원해 / 무제한 데이터 플랜을
I want to have an unlimited data plan

리얼 패턴

➤ WHAT'S THE BEST WAY TO + 동사 [~하려면 가장 좋은 방법이 무엇인가요?]

가장 좋은 방법이 뭔가요? 가지려면 / 가장 저렴한 계약을
What's the best way to get the cheapest plan?

가장 좋은 방법이 뭔가요? 얻으려면 / 더 많은 정보를
What's the best way to get some more information?

ATM 사용

Have you ever used an ATM machine abroad?

워밍업

Have you ever used an ATM machine abroad?

해외를 나가서 ATM 기계를 사용해본 적이 있나요?

Do you know some useful words to use at a foreign ATM?

외국의 ATM 기계를 사용할 때, 유용한 단어들을 알고 계시나요?

리얼 표현

➤ TRANSACTION [거래]

뭐예요 당신의 / 마지막 거래가?
What was your / last transaction?

나는 원해 보는 걸 / 내 모든 거래 기록을
I want to see / all my transactions

➤ WITHDRAW [출금]

저는 원합니다 출금을 / 300불
I would like to withdraw / 300 dollars

알아요? 어디 있는지 ATM이 / 난 필요해 출금하는 걸 / 돈을
Do you know where an ATM is? / I need to withdraw / some money

➤ BALANCE [잔고]

뭐예요? / 내 잔고
What's / my balance?

나는 필요해 확인이 / 내 통장 잔고
I need to check / my bank account balance

리얼 패턴

➤ I THINK IT WOULD BE BETTER IF + 주어 + 동사 [~하는 게 좋을 거 같아요]

난 생각해 좋을 거라고 / 만약 내가 만들면 / 신용카드를
I think it would be better / if I made / a credit card

난 생각해 좋을 거라고 / 만약 은행을 간다면 / 나와 함께
I think it would be better / if you could visit the bank / with me

호주 워홀_정착

집 구하기

How do you find a place to live while you are on working holiday?

리얼영어-선택

리얼영어-월별

워밍업

How do you find a place to live while you are on working holiday?
워킹 홀리데이 중 살 곳을 어떻게 찾으시나요?

What do you need to know in order to find a good place to live?
살기 좋은 곳을 선택하기 위해서 무엇을 알아야 하나요?

리얼 표현

➤ RENT/ROOMMATE/FLATMATE [렌트, 룸메이트, 플렛메이트]

난 찾고 있어 집을 / 렌트 할
I'm looking for a house / to rent

나는 필요해 찾는 걸 / 룸메이트를
I need to find / a roommate / flat mate

➤ FURNISHED ACCOMODATION [가구가 있는 장소]

난 찾고 있어 / 가구가 있는 곳을
I'm looking for / furnished accommodation

난 찾고 있어 / 가구가 있는 아파트를/방을/원룸을 / 렌트 할
I'm looking for / furnished apartments / rooms / studios / for rent

➤ HOMESTAY [홈스테이]

나는 원해 / 찾는 걸 좋은 / 홈스테이 가족을
I want / to find / a good homestay host family

나는 원해 / 지내는 걸 / 홈스테이 가족과
I want / to stay / with a host family

리얼 패턴

➤ I'M PLANNING ON + 동명사 [~할 계획이다]

내 원룸은 / 너무 비싸 / 나는 계획해 / 이사를
My studio / is too expensive / I'm planning on / moving out

이런, / 내 컴퓨터는 / 너무 느려 / 나는 계획해 / 사는 걸 새것을
Ugh, / my computer / is too slow / I'm planning on / buying a new one

호주 워홀_구직

레스토랑 & 펍

What kind of working holiday jobs do you want in Australia?

워밍업

What kind of working holiday jobs do you want in Australia?

호주에서 워킹 홀리데이를 한다면 어떤 직업을 선택하고 싶나요?

Have you ever worked at a restaurant or a pub?

레스토랑이나 펍에서 일을 해본 경험이 있나요?

리얼 표현

> RSA(Responsible Service of Alcohol) Certificate [술을 서빙 할 수 있는 자격증]

받을 수 있어요? Can I get	RSA 트레이닝 코스 an RSA training course?	
무엇인가요? What's	가장 빠른 길이 받기 위한 the quickest way	RSA 자격증을 to get an RSA certificate?

> HOURLY RATE [시급]

전 알고 싶어요 I would like to know	내 시급을 my hourly rate
무엇인가요? What is	정해진 시급이 the fixed hourly rate of pay?

> SECOND YEAR VISA [비자 연장]

난 필요해요 얻는 걸 I need to get	비자 연장을 a second year visa
이 직업은 가능합니다 The job is eligible	비자 연장이 for a 2nd year visa

리얼 패턴

> I'LL DO EVERYTHING I CAN DO TO + 동사 [~를 하기 위해서 난 모든 하겠어]

난 사랑해 이 나라를 I love this country	난 다 할 거야 내가 할 수 있는 I'll do everything I can do	얻기 위해서 비자 연장을 to get a second year visa
난 받는다고? $60불을 한 시간에? I get $60 per hour?	난 다 할 거야 내가 할 수 있는 I'll do everything I can do	일 하기 위해 여기서 to work here

호주 워홀_구직

농장

What would you do if you had a chance to work on a farm?

워밍업

What would you do if you had a chance to work on a farm?
만약 농장에서 일할 기회가 생긴다면 어떻게 하시겠나요?

Do you know how hard it is to work on a farm during summer?
여름에 농장에서 일하는 게 얼마나 힘든지 아시나요?

리얼 표현

➤ BIN RATE [과일을 딴 바구니당 가격]

얼마나 많은 바구니를 / 땄나요?
How many bins / have you picked?

스트립피킹은 대게 돈을 받아요 / 한 $33불 정도? / 한 바구니에
Strip picking is usually paid / around $33? / per bin

➤ FARM STAY [농장 스테이]

난 계획하고 있어 / 찾는 것을 농장 스테이를
I'm planning on / finding a farm stay

난 들었어 / **가 완벽한 장소라고 / 하기 좋은 농장 스테이를
I heard / that ** is the perfect place / to do a farm stay

➤ I DIDN'T SIGN UP FOR THIS [이러려고 한 게 아니야]

뭐요? / 음, 있잖아요 / 전 이러려고 여기 온 게 아니에요
What? / Um, you know what? / I didn't sign up for this

두 시간 더? 아니요 / 전 이러려고 한 게 아니에요
2 more hours? No! / I didn't sign up for this

리얼 패턴

➤ ALL I HAVE TO DO IS TO + 동사 [내가 해야 하는 일은 ~이야]

맨 / 이건 쉬운 일이야 / 내가 할 일은 / 과일 따는 것이야
Man! / This is an easy job / All I have to do is / to pick fruit

이게 다야? 내가 할 일이? / 알겠어 / 얼마야 bin rate가?
Is that all I have to do? / All right! / How much is the bin rate?

호주 워홀_구직

청소

What do you think about becoming a cleaner?

워밍업

What do you think about becoming a cleaner?
청소부로 일을 한다는 것에 어떻게 생각하시나요?

Do you know how much cleaners make per year in Australia?
호주의 청소부들이 일 년에 얼마나 버는지 아시나요?

리얼 표현

➤VACUUMING [진공 청소]

난 vacuum 할 수 있어 **I can vacuum**	5시간 넘게 **for more than 5 hours**	
맨 **Man,**	난 vacuum 했어 **I've been vacuuming**	3시간 넘게 **for like 3 hours**

➤EYE FOR DETAIL [디테일을 볼 줄 아는 눈]

넌 있니? **Do you have**	eye for detail이? **an eye for detail?**
그 직업은 요구해 **The job requires**	eye for detail을 **an eye for detail**

➤NIGHT SHIFT [야간 근무]

우리는 채용해 **We are recruiting**	야간 근무 청소부를 **a night shift cleaner**
일하는 것 야간에 안 좋아 **Working a night shift is bad**	너의 건강에 **for your health**

리얼 패턴

➤IT BOTHERS ME THAT + 주어 + 동사 [~하는 게 마음에 걸려]

야간 근무? **Night shift?**	마음에 걸려 **It bothers me that**	내가 잠을 잘 수 없는 게 밤에 **I cannot sleep at night**
마음에 걸려 **It bothers me that**	만날 수 없는 게 친구를 **I cannot meet my friends**	낮에 **in daytime**

첫 주급

How would you feel after receiving your first paycheck?

워밍업

How would you feel after receiving your first paycheck?	What do you usually do when you get paid?
첫 주급을 받으면 기분이 어떨 것 같나요?	주급을 받으면 주로 무엇을 하나요?

리얼 표현

➤ GET PAID [돈을 받다]

난 주급 받았어 I got paid	어제 yesterday
넌 돈 받을 거야 You will get paid	월말에 at the end of the month

➤ OVERTIME [야근]

말해줄래요 나에게 Can you tell me	야근 규칙을 about the overtime rules?
전 받을 수 있나요 돈을 Do I get paid extra	일하는 것에 대한 주말에 for working on weekends?

➤ TAX RETURN [소득 신고]

어디서 받나요? Where can I get	내 소득 신고를 my tax return?
내가 도와줄게 I will help you	받는 것을 소득 신고를 to get your tax return

리얼 패턴

➤ I NEVER WANTED TO + 동사 [난 절대로 ~를 원하지 않았어]

난 해야 한다고 일을 I have to work 10시까지? 왜? till 10 pm? Why?	난 절대 원하지 않았어 I never wanted	이 것을/야근하는 것을 to do/work overtime
왜 내가 얘기해야 해 그녀랑 Why do I talk to her?	그녀는 절대 원하지 않았어 She never wanted	나와 말하는 것을 to talk to me

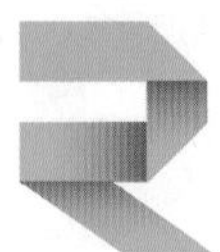

호주 워홀_생활적응

문화

How well do you know western culture?

워밍업

How well do you know western culture?

서양 문화에 대해서 얼마나 알고 계신가요?

Then, how well do you know the culture in Australia?

그럼, 호주 문화에 대해서는 얼마나 알고 계신가요?

리얼 표현

➤ AUSSIE [호주 사람을 부르는 말]

난 오지야
I'm Aussie

난 사랑해 호주를
I love Australia

그리고 난 사랑해 오지를
and I love Aussie

➤ ABORIGINAL [원주민/원주민의]

그는 원주민이야
He is aboriginal

단어 코알라는
The word Koala

원주민 단어야
is an aboriginal word

➤ GOOD DAY MATE [호주식 how are you]

안녕
G'day, mate!

리얼 패턴

➤ WHAT DO YOU THINK ABOUT + 명사/동명사 [~에 대해서 어떻게 생각하세요?]

어떻게 생각하세요?
What do you think about

호주에 대해서
Australia?

어떻게 생각하세요?
What do you think about

이동하는 걸 호주로
moving to Australia?

호주 워홀_생활적응

대중교통

Do you usually use public transportation?

워밍업

Do you usually use public transportation?

대중교통을 자주 이용하시나요?

Why do you use that type of transportation?

왜 그 대중교통 편을 이용하시나요?

리얼 표현

➤ TIME TABLE [시간표]

어디서 받을 수 있나요? 버스 시간표를
Where can I get a bus timetable?

알아요 어디 있는지 그가 왜냐면 난 알아요 그의 시간표를
I know where he is because I know his timetable

➤ PICK UP [태우다]

태워줄 수 있나요? 앞에서 서울역
Can you pick me up in front of Seoul station?

난 태워줄 수 있어 6시에
I can pick you up at 6

➤ DROP OFF [내려주다]

날 내려줘요 다음 신호등에서
Please drop me off at the next traffic light

내가 내려줄게 널
I'll drop you off

리얼 패턴

➤ I'M GONNA SHOW YOU HOW TO + 동사 [~를 어떻게 하는지 알려줄게]

시내 나가?
Are you going downtown?

내가 보여줄게 어떻게 타는지 지하철을
I'm gonna show you how to get on the subway

너 샀어 차?
You bought a car?

내가 보여줄게 어떻게 운전하는지 호주에서
I'm gonna show you how to drive in Australia

호주 워홀_생활적응

음식

Do you like western food?

워밍업

Do you like western food?

서양 음식을 좋아하시나요?

Do you think foreigners like Korean food such as 김치, 떡볶이

외국 사람들이 김치, 떡볶이, 불고기 등 한국음식을 좋아한다고 생각하시나요?

리얼 표현

➤ BYOB Restaurant [주류 지참 가능 레스토랑]

A 난 가지고 올 수 있어? 내 맥주를?
Can I bring my own beer?

B 물론이지, 넌 또한 가져올 수 있어 너의 와인 여긴 BYO 레스토랑이야 인마
Of course You can also bring your wine It's BYO restaurant man

➤ POTLUCK PARTY [각자 음식을 가지고 와서 나눠 먹는 파티]

뭐 얘기해줄까? 지은이가 가져왔어 김치찌개 POTLUCK 파티에 난 그냥 싫어 걔가
Guess what? 지은 brought 김치찌개 to the potluck party I just hate her

난 원해 초대하는 것을 너를 우리 POTLUCK 파티에
I want to invite you to our potluck party

➤ FOR HERE OR TO GO/EAT HERE OR TAKE AWAY [드시고 가세요? 포장이세요?]

드시고 가세요? 아니면 포장이세요?
For here or to go sir?

여기서 드세요? 아니면 가져가세요?
Eat here or take away sir?

리얼 패턴

➤ ALL I'M SAYING IS THAT + 주어 + 동사 [내가 단지 하고 싶은 말은 ~야]

음, 단지 내가 하고 싶은 말은 난 원해 치즈버거를
Um, All I'm saying is that I want a cheese burger

왜 넌 화났어? 내가 하고 싶은 말은 난 조금 늦을 거야
Why are you so mad? All I'm saying is that I'll be a little late

호주 워홀_생활적응

주의사항

Do you study a lot about a country before you go?

워밍업

Do you study a lot about a country before you go?
다른 나라 방문 전, 그 나라에 대해 많이 공부하나요?

What do you normally prepare before visiting other countries?
다른 나라 방문 전, 어떠한 것들을 준비하나요?

리얼 표현

SUNBURN [햇볕으로 입은 화상]

내 등은 벗겨져 / 햇볕에 타서
My back is peeling / from sunburn

나 입었어 / 안 좋은 화상
I got a / bad sunburn!

GHETTO [빈민가]

난 자랐어 / 빈민가에서
I grew up / in the ghetto

난 그냥 원해 / 나가는 걸 이 빈민가 집에서
I just want to / get out of this ghetto house

RACIST [인종차별주의자]

오마이갓! / 넌 인종차별주의자야
OMG! / You are a racist

그는 / 인종차별주의자야
He is / such a racist

리얼 패턴

I'M PRETTY SURE THAT + 주어 + 동사 [~인 게 분명해]

봐봐 재 / 난 분명해 / 재가 빈민가에서 온 게
Look at him! / I'm pretty sure that / he is from the ghetto

그가 말했어 너한테? / 떠나라고 이 나라를? / 난 분명해 / 그는 인종차별주의자인 게
He told you / to leave this country? / I'm pretty sure that / he is aracist

면접스킬_스펙나열

자기소개

Have you ever had a job interview?

워밍업

Have you ever had a job interview?

면접을 보신 적이 있나요?

How should you introduce yourself in an interview?

면접에서 본인을 어떠한 식으로 소개를 해야 하나요?

리얼 표현

➤ FIRST OF ALL [첫 번째로]

첫 번째로, First of all,	난 태어났어요 그리고 자랐어요 I was born and raised		서울에서 in Seoul
첫 번째로, Firstly,	간단히 소개할게요 저를 let me briefly Introduce myself		

➤ SECONDLY [두 번째로는]

두 번째로는, Secondly,	전 굉장히 체계적인 사람입니다 I'm a very organized person
두 번째로는, Secondly,	전 굉장히 긍정적이고 믿을 수 있는 사람입니다 I'm a very positive and reliable person

➤ LASTLY [마지막으로는]

마지막으로는, Lastly,	감사합니다 thank you	저에게 주셔서 기회를 for giving me an opportunity	면접 볼 수 있는 to have an interview
마지막으로는, Lastly,	전 감사합니다 주셔서 I appreciate you giving me		이 기회를 this opportunity

리얼 패턴

➤ THIS IS ALL + 주어 + 동사 [~이 내가 가진 모든 것이야]

이게 This is	내가 원하는 말이야 all I want to say
이게 This is	내가 가진 다야 all I got

면접스킬_스펙나열

학력

Tell me about your education background

워밍업

Tell me about your education background

당신의 학력에 대해 말해주세요

Is it rude to ask questions about someone's education background in Korea?

한국에서는 누군가의 학력에 대해 물어보는 것이 실례가 되나요?

리얼 표현

➤ IN ADDITION [추가적으로]

추가적으로, In addition,	난 졸업했어요 I graduated from	서울대를 Seoul National University	작년에 last year
추가적으로, In addition,	난 졸업했어요 I graduated	기계공학자로 as a Mechanical Engineer	2년 전에 2 years ago

➤ PLUS [또한]

또한, Plus,	전 전공했어요 I majored in	엔지니어링을 Engineering
또한, Plus,	전 4학년입니다 I am a senior	사회학 전공의 majoring in social studies

➤ MOREOVER [게다가]

게다가, Moreover,	전 있어요 박사학위가 물리학의 I have a PHD in physics	
게다가, Moreover,	전 있어요 석사 학위가 I have a Master's Degree	영어 교육 행정학과의 in English and Education Administration

리얼 패턴

➤ I'M SO PROUD OF + 명사/동명사 [~가 너무 자랑스럽다]

난 너무 자랑스러워 I'm so proud of	우리 학교가 my school
난 너무 자랑스러워 I'm so proud of	네가 you

면접스킬_스펙나열

언어능력

How many languages can you speak?

워밍업

How many languages can you speak?

몇 가지 언어를 말할 수 있나요?

What do you do to improve your English skills?

영어 향상을 위하여 무엇을 하시나요?

리얼 표현

➤ ACTUALLY [사실상]

사실상, Actually,	전 공부를 계속 해왔어요 영어를 I've been studying English	8년 동안 for 8 years
사실상, Actually,	전 말해왔었어요 중국어를 I've been speaking Chinese	3년 동안 for the last 3 years

➤ TO BE HONEST [솔직히 말하자면]

솔직히 말하자면, 전 일 해왔었어요 To be honest, I've been working	영어 사용 환경에서 in an English speaking environment	6개월 동안 for the last 6months
솔직히 말하자면, 전 있었어요 To be honest, I had	캐나다의 여자친구가 a Canadian girlfriend	2년간 for the last 2 years

➤ FRANKLY SPEAKING [솔직히 말해서]

솔직히 말해서, Frankly speaking,	제 영어는 my English is	적당 이상입니다 more than adequate	이 분야에서 for this industry
솔직히 말해서, Frankly speaking,	전 관심이 없었습니다 I was not interested		이 분야에 in this industry

리얼 패턴

➤ IN ORDER TO + 동사, I'LL + 동사 [~를 하기 위해서 나는 ~할 거야]

하기 위해서 In order to	영어 향상을 improve my English,	전 공부할 겁니다 I'll study with	진 쌤과 Jean teacher
갖기 위해서 In order to	좋은 직업을 get a good job,	난 공부할 거야 열심히 I'll study harder	

면접스킬_스펙나열

취미

What are your hobbies?

워밍업

What are your hobbies?

당신의 취미는 무엇인가요?

What do you usually do on weekends?

주말에는 자주 무엇을 하나요?

리얼 표현

➤ IN MY FREE TIME [한가할 때는]

한가할 때는,	전 좋아합니다 골프 치는 것을	왜냐면 좋은 방법이거든요	스트레스 풀기
In my free time,	I like to play golf	because it is a good way	to relieve stress
언제나 한가할 때,	전 항상 뜁니다 공원에서	왜냐면 전 필요해요	칼로리 소모가
Whenever I'm free,	I always run in the park	because I need	to burn a lot of calories

➤ SPEAKING OF HOBBIES [취미로 말하자면]

취미로 말하자면	다니고 있어요	동물보호센터에
Speaking of hobbies,	I volunteered	at an animal rescue center
취미로 말하자면	다니고 있어요	보육원에
Speaking of hobbies,	I volunteered	at an orphanage

➤ FURTHERMORE [뿐만 아니라]

뿐만 아니라	전 참석했어요 많은 세미나에	알기 위해서	귀사를 더 많이
Furthermore,	I have attended a lot of seminars	to get to know	your company better

뿐만 아니라	난 계속할 거예요	제 자기계발을	참가하는 것으로	콘퍼런스에
Furthermore,	I will continue	my personal development	by participating	in conferences

리얼 패턴

➤ I USED TO + 동사 [~하곤 했었다]

난 일하곤 했었다	동물보호센터에서
I used to work	at an animal rescue center
그녀는 벌곤 했었다	$10.000를 한 달에
She used to make	$10,000 a month

면접스킬_지원동기, 장단점

지원동기

Why did you apply for this position?

워밍업

Why did you apply for this position?

지원동기가 무엇인가요?

Describe your image about our company

우리 회사에 대한 본인의 생각에 대해 말해보세요

리얼 표현

> BASED ON [~에 따라]

요청사항에 따라 / 저는 완벽한 사람입니다 / 이 직업에
Based on your requirements, I am the right person for this job

제 경력에 따라 / 전 확신합니다 / 제가 최고가 될 수 있음을 / 이 분야에서
Based on my experience, I'm pretty sure that I can be the best in this field

> PEOPLE LIKE ME WITH~ [~있는 나 같은 사람]

당신은 필요합니다 / 나 같은 사람 / 다양한 경험이 있는 / 이 분야에서
You need people like me with various experience in this field

당신은 필요합니다 / 나 같은 사람 / 긍정적 마인드와 / 열정을 가진
You need people like me with a positive mind and enthusiasm

> FOR THIS REASON [이런 이유 때문에]

이런 이유 때문에 / 전 결심했습니다 / 지원하는 것을 이 직위에
For this reason, I decided to apply for this position

이런 이유 때문에 / 전 지원했습니다 / 이 회사에
For this reason, I applied this company

리얼 패턴

> I'VE LEARNED HOW TO + 동사 [~하는 법을 배웠다]

전 배웠습니다 / 어떻게 푸는지 문제를 / 신속하게
I've learned how to solve problems fast

전 배웠습니다 / 어떻게 대처하는지 / 다른 사람들과
I've learned how to cope with others

면접스킬_지원동기, 장단점

장점

What are your strengths?

워밍업

What are your strengths?

당신의 장점이 무엇인가요?

What is your greatest strength?

당신의 장점 중 가장 강한 것이 무엇인가요?

리얼 표현

➤MULTI-TASKING [멀티태스킹 – 한꺼번에 많은 일을 하는 것]

전 기가 막힙니다 I'm fantastic	멀티태스킹에 at multitasking
전 잘합니다 I'm good at	멀티태스킹을 multitasking

➤EAGER TO LEARN [배움의 열정]

전 항상 배움의 열정이 있습니다 I am always eager to learn	새로운 방식과 new methods	절차에 and procedures
전 배움의 열정이 있습니다 I am eager to learn	새로운 것과 new things	실력향상에 and improve my skills

➤PERFORM WELL [능숙하게 해낸다]

전 능숙하게 해냅니다 I perform well	강요에도 under pressure
저 아이템은 싸 하지만 That item is cheap but	작동이 제대로 안 돼 it doesn't perform well

리얼 패턴

➤IT'S SO IMPORTANT TO + 동사 [~하는 것이 매우 중요하다]

글쎄요, 제 생각엔 Well, I think	매우 중요합니다 it's so important	배우는 것이 새로운 것을 to learn new things
제 생각엔 I think	매우 중요합니다 it's so important	공부하는 것이 영어를 to study English

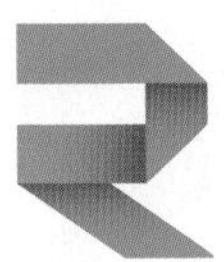

면접스킬_지원동기, 장단점

단점
What are your weaknesses?

워밍업

What are your weaknesses?
당신의 단점은 무엇인가요?

How do you plan to overcome your weaknesses?
당신의 단점을 보완하기 위해서 무엇을 하시나요?

리얼 표현

NEW GRADUATE(HARD WORKER) [졸업생 – 노력가]

전 이제 막 졸업했습니다 **I'm a new graduate,**	하지만 전 확신합니다 **but I'm pretty sure**	내가 될 수 있는 것을 **that I can be**	hard worker가 **a hard worker**
솔직히 말해서 **To be honest,**	전 없습니다 경력이 **I have no experience**	왜냐면 **because**	전 이제 막 졸업했습니다 **I'm a new graduate**

OBSESSION(KNOWLEDGE) [집착 – 지식]

전 집착이 심해요 **I'm so obsessed**	테크놀로지에 **with technology,**	하지만 그건 의미해요 **but it means**	지식이 많다는 걸 **that I have a lot of knowledge**
있잖아요, **You know,**	전 집착을 해요 일에 **I'm obsessed with work,**	하지만 그건 의미해요 **but it means**	난 지식이 많다는 걸 **that I have a lot of knowledge**

IRRELEVENT WEAKNESS(HOBBIES) [관련 없는 단점 - 취미]

전 해야 합니다 골프를 **I need to play golf**	매주 주말마다 **every weekend**	전 그냥 건강하고 싶어요 **I just want to stay healthy**
전 술을 못 먹습니다 **I can't drink**	먹이지 마세요 술을 **Don't make me drink**	

리얼 패턴

I SPEND TOO MUCH TIME ON + 동명사/명사 [~하는 것에 너무 많은 시간을 소비한다]

전 소비해요 **I spend**	너무 많은 시간을 **too much time**	게임 하는 것에 **on playing games**
전 소비해요 **I spend**	너무 많은 시간을 **too much time**	인터넷 하는 것에 **on the Internet**

면접스킬_지원동기, 장단점

왜 당신이어야 하죠?

Why should we hire you?

워밍업

Why should we hire you?

왜 당신을 뽑아야 하죠?

Why should we choose you over other candidates?

다른 후보자들 가운데서 당신을 뽑아야 하는 이유가 뭐죠?

리얼 표현

➤GOOD MATCH [잘 어울림]

제 능력과 배경이	잘 어울릴 겁니다	이 직위에
My skills and background	will be a good match	for the position

➤GOOD FIT [딱 맞는 조합]

전 즐깁니다	일하는 것을 사람들과	그래서 저는 딱 맞는 조합입니다	이 일에
I enjoy	working with people	so I am a good fit	for this job
전 계획합니다	공부하는 것을 스페니시	그래서 저는 딱 맞는 조합입니다	이 직위에
I'm planning on	studying Spanish	so I'm a good fit	for the position

➤ASSET [자산]

전 굉장히 열정적입니다	그리고 전 될 수 있습니다		가치 있는 자산이	귀사에
I'm very passionate	and I can be		a valuable asset	to your company
전 굉장히 충직합니다	그리고 믿습니다	전 될 수 있음을	가치 있는 자산이	귀사에
I'm very loyal	and I believe	that I can be	a valuable asset	to your company

리얼 패턴

➤I CAN STRONGLY TELL YOU THAT + 주어 + 동사 [나는 ~임에 확신한다]

전 강하게 확신합니다	제가	완벽한 후보자임을	
I can strongly tell you that	I am	the perfect candidate	
전 강하게 확신합니다	제가	완벽한 조합임을	이 직위에
I can strongly tell you that	I am	a perfect fit	for this position

면접스킬_경력 중심

경력

Tell me about your work experience

워밍업

Tell me about your work experience

업무 경력에 대해 말해주세요

What have you learned in your last job?

전 직장에서 배운 게 무엇인가요?

리얼 표현

➤ BE CONCISE [간결]

전 일 했습니다 I worked	프로그래머로 as a programmer	5년간 I worked as a programmer
전 일 했습니다 I worked	선생님으로 as a teacher	5년간 for 5 years

➤ RESULTS [결과]

전 승진 했습니다 I got promoted	교장으로 to head teacher	작년에 last year
전 상을 받았습니다 I got an award	최고 직원으로 for the best employee	올해의 of the year

➤ TEAMWORK[팀워크]

저희 팀은 Our team	항상 끝냈습니다 always completed	프로젝트를 our projects	제시간에 on time
저희 팀은 항상 받았습니다 Our team always got	긍정적인 평가를 very positive reviews	고객으로부터 from our clients	

리얼 패턴

➤ IT'S A GOOD THING THAT + 주어 + 동사 [~이라서 다행이야/~하길 잘했다]

다행이야 It's a good thing	내가 많아서 that I have a lot of	teaching 경력이 teaching experience
다행이었어 It was a good thing	그가 우리 상사이었던 게 that he was our boss	

면접스킬_경력 중심

이직 동기

Why did you leave your last job?

워밍업

Why did you leave your last job?	What do you like about our company?
전 직장을 옮긴 계기가 무엇인가요?	우리 회사가 좋은 이유가 무엇인가요?

리얼 표현

➤ NEW CHALLENGES [새로운 도전]

어쨌든 However,	전 필요해요 I need some	새로운 도전이 new challenges
어쨌든 제 생각엔 However, I think	시간이 왔어요 the time has come	변화의 for a change

➤ CAREER OPPORTUNITIES [성공 기회]

전 원해요 찾는 것을 I want to find	더 좋은 취업 기회를 better career opportunities	
전 원해요 향상시키는 것을 I want to improve	제 커리어 성장과 my career growth	지식을 and knowledge

➤ PERSONAL ISSUES [개인적 문제]

전 원해요 일하는 것을 I want to work	어딘가 somewhere	가까운 곳 집에서 closer to home
전 원해요 소비하는 I want to spend	것을 많은 시간을 as much time as I can	엄마와 with my mom

리얼 패턴

➤ I WASN'T ALLOWED TO + 동사 [~하는 것이 허용되지 않았었다]

솔직히 말해서 To be honest,	허용되지 않았었다 I wasn't allowed	술 마시는 것이 to drink	퇴근 후에 after work
솔직히 말해서 Frankly speaking,	허용되지 않았었다 I wasn't allowed	사무실 나가는 것이 to leave the office	퇴근 시간 후에 after working hours

면접스킬_경력 중심

5년 후 모습

Where do you see yourself in 5 years?

워밍업

Where do you see yourself in 5 years?	Do you have a short term/long term goal?
5년 후 당신의 모습은 어떨 것 같나요?	단기/장기 목표가 있으신가요?

리얼 표현

➤ PROMOTION [진급]

전 원해요 I want	프로젝트 매니저가 되는 것을 to become a project manager		저희 회사에서 at our company
5년 후에 After 5 years,	전 원해요 I want	승진 되는 것을 to be promoted	SALES REPRESENTATIVE로 to a sales representative

➤ MARRIAGE [결혼]

전 원합니다 I would like	더 열심히 일하는 것을 to work harder	그래서 제가 가족을 가질 수 있게 so I can have a family
전 원해요 열심히 일하는 것을 I want to work harder	하기 위해서 in order to	결혼 get married

➤ GOAL [목표]

제 목표는 My goal	더 많이 배우는 것입니다 is to learn more	은행과 about banks	은행 업무에 대해 and banking services
제 목표는 My goal	프로답게 성장하는 것입니다 is to grow professionally	그래서 될 수 있게 so I can become	SALES REPRESENTATIVE가 a sales representative

리얼 패턴

➤ I WANT TO BE PART OF + 명사 [~에 일원이 되고 싶다]

난 원해요 일원이 되는 것을 I want to be part of	너희 팀에 your team
난 원해요 일원이 되는 것을 I want to be part of	회사에 a company

면접스킬_경력 중심

연봉협상

What are your salary expectations?

워밍업

What are your salary expectations?

희망 연봉이 어떻게 되시나요?

Would you consider taking less pay than you made in your last job?

저번 회사 연봉보다 적게 받으셔도 괜찮으신가요?

리얼 표현

AVERAGE SALARY [평균 연봉]

얼마에요? How much	평균연봉이 여기 is the average salary here?	전 받곤 했었어요 I used to get	$40,000 일 년에 $40,000 a year
얼마를? How much	저 같은 사람은 people like me	받나요 여기 get paid here?	

JOB DESCRIPTION [업무 설명]

당신은 아직 안 알려줬어요 You never told me	업무 설명에 대해 about the job description	
연봉에 대해 말하기 전에, Before we talk about the salary,	물어봐도 돼요? can I ask you	업무설명에 대해 한 번 더 about the job description again?

FAIR SALARY [합당한 연봉]

전 그냥 원해요 I just want	합당한 연봉 받는 것을 to get a fair salary
전 원해요 I want	합당한 연봉을 듣는 것을 to listen to a fair offer

리얼 패턴

WOULD IT BE OKAY TO + 동사 [~해도 될까요?]

괜찮을까요? 물어봐도 Would it be okay to ask you	평균연봉을 the average salary?
괜찮을까요? 물어봐도 Would it be okay to ask you	업무설명을 한 번 더 the job description again?

가족의 탄생_문화

내리사랑

Have you ever heard about parental love?

워밍업

Have you ever heard about parental love?

'Parental love'란 단어를 들어보신 적이 있나요?

Do most Korean parents save and sacrifice everything of their own to focus on their children's education?

대부분의 한국 부모님들이 자식의 교육을 위해서 본인의 모든 것을 희생하나요?

리얼 표현

➤FAMILY ORIENTED [가정적]

그는 / He is — 엄청 가정적이야 / so family oriented

있잖아, / You know, — 사귀는 것은 가정적인 여자를 / dating a family-oriented girl (family-oriented → family centered) — 짱이야 / is awesome

➤OBSESSION [집착]

난 생각해 / I think — 그녀는 집착한다고 / she is obsessed — 그녀의 애들에게 / with her kids

왜 그렇게 집착해? / Why are you so obsessed — 나에게 / with me?

➤SPOILED [버릇없는]

그녀는 버릇없어 / She's spoiled

내 생각에는 / I think — 네가 버릇 잘못 들였어 그를 / you've spoiled him

리얼 패턴

➤I CAN TELL + 주어 + 동사 [난 ~ 하는지 알아]

난 알아 / I can tell — 그녀가 버릇없는 애란 걸 / she is a spoiled brat

난 알아 / I can tell — 넌 거짓말 한다고 / you are lying

가족의 탄생_문화

잔소리

What does your mom usually nag about?

워밍업

What does your mom usually nag you about?

당신의 엄마가 무엇 때문에 자주 잔소리를 하나요?

How do you feel when someone nags you?

다른 사람이 당신에게 잔소리를 한다면 기분이 어떠신가요?

리얼 표현

PARENTING [육아]

뭐예요
What's

당신 부모님의 육아 방식은?
your parenting style?

육아 교육이 우리 부모님으로부터의
Parenting from my parents

만들었다 우리를
has made us

성숙하게
mature

NAGGING [잔소리]

우리 엄마는
My mom

항상 잔소리해 나한테
always nags me

난 결혼했어
I married

잔소리꾼과
a nag

STRESSED OUT [스트레스가 쌓인]

난 엄청 스트레스받아
I'm so stressed out

요즘
these days

우리 엄마는 항상
My mom always

스트레스 줘 나를
stresses me out

리얼 패턴

I DON'T UNDERSTAND WHY + 주어 + 동사 [왜 ~ 는지 모르겠어]

난 이해가 안 돼
I don't understand

왜 네가 그렇게 화났는지
why you are so angry

난 이해가 안 돼
I don't understand

왜 내가 해야 하는지 사과를
why I need to say sorry

가족의 탄생_문화

가정교육

How did your parents discipline you when you were young?

워밍업

How did your parents discipline you when you were young?
당신이 어렸을 때 부모님이 어떤 식으로 가정 교육을 했나요?

Were you ever physically punished growing up?
부모님에게서 체벌을 받아본 적이 있나요?

리얼 표현

> HOME DISCIPLINE [가정교육]

어떤 가정교육방법을 What discipline methods	사용했나요 have you used	집에서 at home?
그의 나쁜 행동은 His bad behavior	나온다 comes from	안 좋은 가정교육에서부터 집에서 poor discipline at home

> CURFEW [통금]

나 있어 통금이 I got a curfew	알잖아 you know
나 어겼어 통금을 어젯밤에 I broke my curfew last night	난 집에 꼼짝없이 있어야 해 I'm grounded

> ALLOWANCE [용돈]

난 받아 용돈을 I get an allowance	아빠로부터 from my dad	매달 every month
난 다 썼어 I spent	용돈을 all my allowance	2일 안에 in two days

리얼 패턴

> HOW ABOUT + 동명사 [~는 어때?]

어때? How about	말하는 것 아빠에게 talking to your dad	너의 통금에 대해 다시 한번 about your curfew again?
어때? What about	물어보는 것 엄마에게 asking your mom	너의 용돈을 for your allowance?

형제지간
Do you have any brothers or sisters?

워밍업

Do you have any brothers or sisters?

형제나 자매가 있나요?

Do you get along well with them?

그들과 잘 어울리시나요?

리얼 표현

➤ IT'S NOT FAIR [억울해]

넌 줬어 그녀에게 큰 조각을 You gave her a bigger piece	억울해 It's not fair
재는 항상 얻잖아 먼저 하는 것을 He always gets to go first!	억울해 It's not fair

➤ DRIVE ME CRAZY [미치게 해]

내 남동생은 이제 4살이야 My little brother is only 4	하지만 날 미치게 해 but he drives me crazy
그녀는 미치게 해 나를 She drives me crazy	재수 없는 말투로 with that sarcastic tone

➤ CARE [생각하다]

넌 아무것도 몰라 You have no idea	얼마나 생각하는지 how much I care	너를 about you	
알지? You know	내가 생각하는지를 I care	너를 about you	응? right?

리얼 패턴

➤ I ENDED UP + 동명사 [나는 ~해 버렸다]

난 싸웠어 I fought	내 남동생과 with my younger brother	우린 해버렸어 We ended up	때리는 것을 서로 hitting each other
난 해버렸어 I ended up	늦게 일어나는 것을 waking up late		

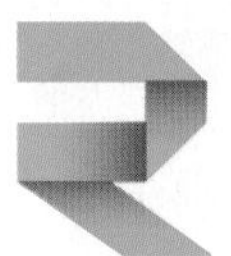

가족의 탄생_결혼

집안일

How do you split up the housework?

워밍업

How do you split up the housework?

집안일을 어떻게 배분하시나요?

Do you think women should do all the housework?

여자가 모든 집안일을 해야 한다고 생각하나요?

리얼 표현

➤ BRING HOME THE BACON [돈을 벌어오다]

A 우리는 맞벌이예요
We both work

B 누가 더 많이 벌어요?
Who brings home the bacon?

➤ HOUSE CHORES [집안일]

영화 / 재미있겠다 / 근데 / 나 해야 해 / 집안일을
Movie? Sounds fun, but I have to do some house chores

엄마는 보통 주부야 / 그녀는 항상 바빠 / 집안일로
My mom is an ordinary housewife. She is always busy with house chores

➤ ERRAND [심부름]

줘 나에게 20분만 / 난 있어 간단한 심부름이
Give me 20 min. I have a little errand to run

난 보냈어 남편을 / 심부름시키러
I sent my husband on an errand

리얼 패턴

➤ LET ME HELP YOU + 동사 [~하는 거 도와줄게]

내가 도와줄게 / 청소하는 것을
Let me help you clean this up

내가 도와줄게
Let me help you out!

가족의 탄생_결혼

부부싸움

How often do you get in a fight with your husband/wife?

워밍업

How often do you get in a fight with your husband/wife?
당신의 남편/부인과 얼마나 자주 싸우나요?

What do you usually argue about?
보통 어떠한 문제로 다투나요?

리얼 표현

➤ BRING UP [화제를 꺼내다]

왜 너는 꺼내는데 이걸?
Why are you bringing this up?
5년 된 일이야
It's been 5 years!
내가 말했어 뭐?
Did I say something?
네가 꺼냈잖아
You brought it up!

➤ TAKE (A) FOR GRANTED [A를 당연하게 여기다]

넌 나를 당연하게 여겨
You take me for granted
난 항상 해
I always do
집안일을
the house chores
당연하게 여기지마
Don't take me for granted

➤ AGREE TO DISAGREE [다름을 인정하다]

자기야
Honey!
인정하자 다름을
Let's agree to disagree
글쎄,
Well,
내 생각에 우린 필요해
I guess we need
인정하는 것을 다름을
to agree to disagree
하지만 아직 사랑해 널
but I still love you

리얼 패턴

➤ YOU WERE SUPPOSED TO + 동사 [너 ~ 하기로 했었잖아]

뭔 얘기야!
What are you talking about!
넌 하기로 했었잖아
You were supposed to
나한테 전화하는 걸 6시에
call me at 6!
아니 넌 이해를 못 하고 있어 진
No, you don't get it Jean!
넌 하기로 했었잖아
You were supposed to
설거지하는 걸 오늘
wash the dishes today

가족의 탄생_결혼

사돈

Do you like your in-laws?

워밍업

Do you like your in-laws?	How often do you see your in-laws?
당신은 당신 사돈을 좋아하나요?	사돈과 얼마나 종종 만나나요?

리얼 표현

➤ IN-LAWS [사돈]

장인어른/시아버님 Father-in-law	장모님/시어머님 Mother-in-law	매형/처남 Brother-in-law
며느리 Daughter-in-law	사위 Son-in-law	올케/새언니 Sister-in-law

➤ RESPONSIBLE [책임을 지다]

내 생각엔 / 우린 책임 져야 해 / 우리 부모님을 위해
I think / we should be responsible / for our parents

내 남편은 느껴 책임을 / 어머님에 대한 / 그는 돈을 내 그녀의 월세를 매달
My husband feels responsible / for his mom / He pays her rent every month

➤ SET BOUNDARIES [경계선]

자기야, 내 생각엔 우린 필요해 / 경계선을 세우는 것이 / 시어머니와
Honey, I think we need / to set boundaries / with my mother in law

경계선을 세우는 것은 사돈과 / 엄청 중요해
Setting boundaries with in-laws / is very important

리얼 패턴

➤ I THINK WE SHOULD + 동사 [~하는 게 나을 것 같아]

난 생각해 우린 대화 하는 게 나을 것 같아 / 전에 우리가 만나기 / 사돈을
I think we should talk / before we meet up with / your in-laws

난 생각해 / 우린 보내는 것을 더 많은 시간을 / 그들과 함께 / 주말에
I think / we should spend more time / with them / on weekends

가족의 탄생_결혼

시월드

Have you heard the word '시월드'?

워밍업

Have you heard the word '시월드'?

'시월드'란 말을 들어보신 적 있나요?

How do you deal with your in-laws that don't respect you?

본인을 존중해주지 않는 사돈들과는 어떻게 지내시나요?

리얼 표현

➤ WALK ON EGGSHELLS [눈치 보다]

난 지쳤어 / 눈치 보는 것에 / 내 시어머니의
I'm sick of / walking on eggshells / with my mother in law

난 현재 / 눈치 봐 / 내 미래 장모님의
I currently / walk on eggshells / around my future mother-in-law

➤ TALK BACK [말대꾸]

너 지금 / 말대꾸했어? 나한테
Did you just / talk back to me?

어떻게 너 / 말대꾸를 해? 나한테
How dare you / talk back to me?

➤ NIGHTMARE [악몽]

그건 완전 악몽이었어
It was a total nightmare!

여행 간다고? / 시어머니랑? / 그건 악몽이야 / 우리 모두에게
Going on a trip / with your MIL? / It is a nightmare / for all of us

리얼 패턴

➤ I'M STARTING TO THINK THAT + 주어 + 동사 [나는 ~하다고 생각되기 시작했다]

난 생각하기 시작해 / 이 결혼이 틀렸다고
I'm starting to think / that this marriage is wrong

난 생각하기 시작해 / 시어머니는 / 너무 이기적이라고
I'm starting to think / that my mother in law / is so selfish

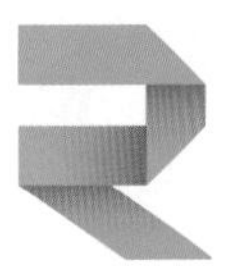

가족의 탄생_명절

제사

Do you have JESA ceremony in your family?

워밍업

Do you have JESA ceremony in your family?

여러분들의 집안에 '제사' 제도가 있나요?

Do you know how to perform a Korean JESA ceremony?

한국 제사 제도에 대해서 잘 알고 있나요?

리얼 표현

> MEMORIAL SERVICE [제사]

한국에서는	사람들은 지냅니다 제사를	설날과 추석에
In Korea,	people have memorial services	on New Year's Eve and Thanksgiving Day

우리 가족은	지냅니다	제사를 우리의 조상을 위해
Our family	performs	memorial services for our ancestors

→ Ancestral rites / Ancestral rituals

> BOW [절]

사람들은 절을 합니다	할머니 할아버지에게	구정에 한국은
People bow	to their grandparents	on Lunar New Year's Day in Korea

우리는 절을 합니다
We bow all the way down to the floor

> FADE AWAY [서서히 없어짐]

이런 기념풍습은	서서히 없어지고 있어요
These memorial customs	are fading away

얼룩 내 셔츠에 있는	시작 했다 서서히 없어지길
The stain on my shirt	began to fade away

리얼 패턴

> WHAT CAN YOU TELL ME ABOUT + 명사/동명사 [~에 대해서 뭘 말해줄 수 있어?]

뭘 말해줄 수 있어?	제사에 대해	한국의
What can you tell me	about memorial services	in Korea?

뭘 말해줄 수 있어?	그것에 대해
What can you tell me	about it?

가족의 탄생_명절

예절 Do you know dos and don’ts of Korean etiquette when meeting someone for the first time?

워밍업

Do you know dos and don’ts of Korean etiquette when meeting someone for the first time?
사람을 처음 만날 때 해야 할 일과 하지 말아야 할 일에 대한 한국 에티켓을 알고 계신가요?

What do you think you need to bring when you are invited to someone’s housewarming party?
누군가의 집들이에 초대가 되었다면 무엇을 가지고 가야 한다고 생각하시나요?

리얼 표현

➤POLITE FORM [존댓말]

난 필요해 존댓말 사용하는 것이 I need to speak politely	말할 때 when talking	나이 많은 사람과 to old people
한국 사람은 사용해 존댓말을 Koreans speak politely	말할 때 when talking	모르는 사람과 to strangers

➤LOWER YOUR WORDS [말 놔]

우리 동갑이야 We’re the same age	말 놓을까? Shall we lower our words?
이봐, Hey,	너도 말 놔 you lower your words too

➤EMPTY HANDED [빈손으로 오다]

오지마 Don’t come	빈손으로 empty handed	
방문했니? Did you visit	그의 파티에 his party	빈손으로 empty handed?

리얼 패턴

➤I APOLOGIZED FOR + 동명사/명사 [~ 에 대해 사과드립니다]

사과드립니다 I apologize for	늦은 것에 대해 being late
사과드립니다 I apologize for	여동생의 버릇없는 행동에 my sister’s poor behavior

가족의 탄생_명절

식사 When was the last time you had a family meal with all your cousins during a holiday?

워밍업

When was the last time you had a family meal with all your cousins during a holiday?
모든 친척들과 식사를 마지막으로 한 적이 언제인가요?

Do you like traditional Korean food and do you eat it a lot?
한국 전통 음식을 좋아하나요? 명절에 전통 음식을 많이 먹나요?

리얼 표현

➤ EAT LIKE A PIG [돼지처럼 먹다]

음, 미안 / 근데, / 넌 먹어 돼지처럼
Um, I'm sorry, / but / you eat like a pig

우린 필요해 더 많은 음식이 / 알잖아 / 진은 먹어 돼지처럼
We need more food / You know, / Jean eats like a pig

➤ GRAB A BEER [술 한잔하다]

한잔할래
Wanna grab a beer?

맥주 한잔하자 같이
Let's grab a beer together!

➤ GO ON A DIET [다이어트를 하다]

난 얻었어 / 엄청 많은 살을 / 난 필요해 다이어트하는 것이
I gained / so much weight / I need to go on a diet

난 있어 소개팅이 다음 주에 / 그래, / 난 해야 해 다이어트하는 것을
I got a blind date next week / Yep, / I have to go on a diet

리얼 패턴

➤ I DON'T HAVE TIME TO + 동사 [~할 시간이 없어]

글쎄, 난 없어 시간이 / 만들 남친을
Well, I don't have time / to find a boyfriend

난 없어 시간이 / 여자랑 데이트할
I don't have time / to date a girl

친척

Do you get along well with your cousins?

워밍업

Do you get along well with your cousins?

사촌들과 잘 어울리나요?

Who is your favorite cousin and why?

좋아하는 사촌이 누구며 이유가 뭐죠?

리얼 표현

➤ CHEAPSKATE [구두쇠]

아무도 사랑하지 않아 그를
Nobody loves him

그는 엄청 구두쇠야
He is such a cheapskate

되지마
Don't be

그런 구두쇠가
such a cheapskate

➤ SHOW OFF [자랑]

그는 항상
He always

자랑해
tries to show off

자기 성공을
his success

우리는 알아
We know

네가 퀸카/킹카 인 걸
you are the hottest!

그만 자랑해
Please stop showing off

➤ (KEEP) IN TOUCH [연락]

정말 좋은 시간이었어
It was such a good time

연락하자
Let's keep in touch!

너 아직 연락해?
Are you still in touch

네 친구들과
with your friends

고등학교 때
from high school?

리얼 패턴

➤ I DIDN'T MEAN TO + 동사 [나는 ~할 의도가 아니었어]

난 그럴 의도가 아니었어
I didn't mean

놀래 킬
to scare you

난 그럴 의도가 아니었어
I didn't mean

거짓말 할
to lie to you

YOLO 여행_힐링 여행

온천여행

Have you ever been to a hot spring?

워밍업

Have you ever been to a hot spring?

온천에 가본 적이 있나요?

Do you enjoy hot springs?

온천을 즐기시나요?

리얼 표현

➤ SCRUBBING [때 밀기]

볼 수 있어요 사람들	때 미는 그들의 죽은 가죽을	온천에서 한국의
You can see people	scrubbing their dead skin off	in hot springs in Korea
난 원해요	때 밀기를 나를	후에 뜨거운 목욕
I want to	scrub myself	after a hot bath

➤ FEEL RELAXED [시원하다]

난 너무 시원해 / 후에 뜨거운 목욕
I feel so relaxed / after a hot bath

오, / 넌 그냥 느낄 거야 시원함을 / 후에 넣은 후에 / 온천 안에
Oh, / you will just feel relaxed / after dipping / in the hot spring

➤ SMELLS LIKE FARTS [방귀 냄새 같다]

음, 냄새나	방귀 같은	내 말은 응
Um, it smells	like farts	I mean, yeah
있잖아	냄새나	썩은 계란 같은
You know what?	It smells	like rotten eggs

리얼 패턴

➤ I DON'T KNOW WHY, BUT + 주어 + 동사 [잘 모르겠는데 ~]

몰라 왜인지	근데	난 너무 좋아	후에 뜨거운 목욕
I don't know why,	but	I feel so good	after a hot bath
몰라 왜인지	근데	난 배가 너무 고파	후에 뜨거운 목욕
I don't know why,	but	I get so hungry	after a hot bath

YOLO 여행_힐링 여행

리조트 휴양

Have you ever stayed at an all-inclusive resort?

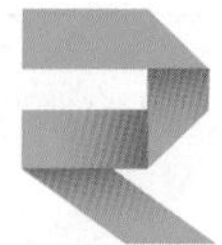

워밍업

Have you ever stayed at an all-inclusive resort?
리조트 여행을 해본 적이 있나요?

What are the benefits to staying at an all-inclusive resort?
리조트 여행의 장점이 무엇이 있나요?

리얼 표현

➤ TWO NIGHTS AND THREE DAYS [2박 3일]

난 머물러
I'm staying
2박 3일을
two nights and three days

난 갔었어 하와이를
I went to Hawaii
2박 3일 동안
for two nights and three days

➤ THE PERFECT GETAWAY [완벽한 휴가]

난 들었어
I heard that
진이 갔다고
Jean went
필리핀에 5일간
to the Philippines for 5 days
완벽한 휴가구먼!
The perfect getaway!

뭐 말해줄게
Let me tell you something!
머무는 것은 집에서
Staying home
완벽한 휴가야
is the perfect getaway!

➤ RELIEVE STRESS [스트레스를 풀다]

난 그냥 원해
I just want
먹는 걸 마시는 걸 그리고 자는 걸
to eat drink and sleep
그게 가장 최고 방법이야
It is the perfect way
스트레스 푸는
to relieve stress

내 아빠는 마셔
My dad drinks
한병의 소주를 매일
a bottle of Soju every day
스트레스 풀기 위해
to relieve stress

리얼 패턴

➤ IT SOUNDS LIKE + 명사 [~ 처럼 들려]

~처럼 들려
It sounds like
완벽한 휴가처럼
a perfect getaway!

넌 안 좋아하고 그녀를
You don't like her
그리고 봤다고 영화를?
and you watched a movie?
처럼 들려 데이트한 것처럼
It sounds like a date to me

YOLO 여행_힐링 여행

해변 걷기

Have you ever walked along the beach alone?

워밍업

Have you ever walked along the beach alone?
홀로 해변을 걸어본 적이 있나요?

Do you like to walk along the beach at night?
밤에 해변을 걷는 것을 좋아하시나요?

리얼 표현

➤ UNDENIABLY BEAUTIFUL [믿을 수 없을 정도로 아름답다]

하와이? Hawaii?	오마이갓! OMG!	해변은 The beach was	믿을 수 없을 정도로 아름다웠어 undeniably beautiful
맙소사! 그녀는 God! She is	믿을 수 없을 정도로 아름다워 undeniably beautiful		

➤ SECLUDED BEACH [외진 곳]

난 찾았어 I found	완벽한 외진 해변을 the perfect secluded beach	태국에서 in Thailand	완전 로맨틱했어 It was so romantic
너 알아? Do you know	외진 해변을 any secluded beaches	여기 근처에 around here?	

➤ TAN [태닝하다]

난 원해 태닝 하는 것을 I wanna get a tan	
어디야? 가장 좋은 장소가 Where is the best place	태닝 할 to tan?

리얼 패턴

➤ I'M LOOKING FOR A PLACE TO + 동사 [~할 곳을 찾고 있어]

난 찾고 있어 I'm looking for	장소를 a place to	혼자 있을 be alone
난 찾고 있어 I'm looking for	장소를 a place to	태닝 할 tan

YOLO 여행_힐링 여행

먹방 투어

Do you prefer to eat local food when traveling?

워밍업

Do you prefer to eat local food when traveling?
여행 중 그곳의 '토속 음식' 먹는 것을 선호하나요?

What was the worst local food you've tried before?
지금까지 먹어본 '토속 음식' 중 가장 별로였던 음식이 무엇인가요?

리얼 표현

➤ LOCAL FOOD/STREET FOOD [토속 음식/거리 음식]

난 좋아해 / 먹는 것을 거리 음식 / 할 때 여행
I love / to eat local food / street food / when I travel

넌 해야 해 도전 / 거리 음식을 / 하기 위해서 / 배우려고 이 나라를
You should try / local food / in order to / learn the country

➤ WAIT IN LINE [줄을 서다]

우리는 해야 해 / 기다리는 것을 줄을 서서
We have to / wait in line

으악 / 그들은 항상 바빠 / 난 필요해 / 기다리는 것을 줄을 서서
Ugh, / they are always busy / I need / to wait in line again

➤ GUT [감, 배짱]

아 좀! / 믿어 너의 깡을
C'mmon man! / Trust your gut!

너 좀 지질하다
You got no guts!

리얼 패턴

➤ I'LL TAKE + 명사 [~을/를 먹을게/가질게]

보여요 맛있게 / 난 가질래 이걸
It looks delicious / I'll take this one

난 가질래 / 하나씩 플리즈
I'll take / one of each please

YOLO 여행_유럽여행

숙박

Have you ever been to Europe?

워밍업

Have you ever been to Europe?

유럽에 가본 적이 있나요?

What is the best way to find cheap accommodation when you travel?

여행할 때, 저렴한 숙소를 찾는 방법이 무엇이 있나요?

리얼 표현

➤ CONFIRMATION NUMBER [예약 확인번호]

내가 줄게 너한테 Let me give you	내 예약 확인번호를 my confirmation number
내가 그냥 줄게 너한테 I'll just give you	내 예약 확인 번호를 my confirmation number

'진짜녀석들 호텔'에 찾아주셔서 환영합니다. 오늘 예약이 되어있나요? 어느 분 존함으로 예약이 되어있죠? ID와 신용카드를 볼 수 있을까요, 손님? 얼마나 투숙하실 예정이신가요?
Welcome to the real deal Hotel. Do you have a reservation today? What name is the reservation under? Can I see your photo ID and credit card sir? How long will you be staying?

➤ FREE UPGRADE [무료 객실 업그레이드]

얻을 수 있어? Can I get	무료 객실 업그레이드를 a free (room) upgrade	
딜럭스룸으로 to a deluxe room?	우리 허니문이야 It's our honeymoon	오늘 today

잠시만 기다려주세요. 이미 저희 쪽에 고객님의 카드 정보가 있습니다. 여기 영수증 밑 부분에 서명 부탁드려되 되겠습니까? 고객님은 '스텐다드' 객실로 2박 예약되어 있습니다.
One moment please. We already have your credit card information on file. Could you please sign the receipt along the bottom? We've reserved a standard room for you for two nights.

➤ LATE CHECK OUT [늦은 체크아웃]

그리고, Also,	전 원해요 요청하기를 늦은 체크아웃을 I would like to request late check out	3시에 by 3
늦은 체크아웃이 가능해요? Is late checkout available?		

오 정말요? 축하드립니다 잠시만요. 흠, 제가 도와드릴 수 있을 것 같습니다. 바다 전망 객실로 업그레이드해드리겠습니다.
Oh really? Congratulations! Let me see, Hmm I think I can help you with. I'll upgrade your room to one with a view of the ocean.

리얼 패턴

➤ I WAS JUST WONDERING IF + 주어 + 동사 [난 ~인지 궁금했어요]

난 그냥 궁금했어요 I was just wondering	만약 내가 받을 수 있는지 if I could get	무료 객실 업그레이드를 a free room upgrade
난 그냥 궁금했어요 I was just wondering	만약 내가 무례한 건지 if I was rude	

YOLO 여행_유럽여행

길 찾기 질문

Have you ever tried asking people for directions?

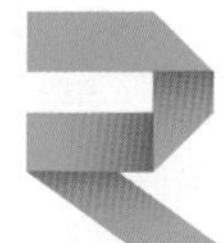

워밍업

Have you ever tried asking people for directions?
모르는 사람에게 길을 물어본 적이 있나요?

Do you feel uncomfortable when asking strangers for something?
모르는 사람에게 질문 하는 것이 불편하신가요?

리얼 표현

➤ EXCUSE ME! [저기 죄송한데요!]

저기 죄송한데요	말해줄래요?	길을 시청으로 가는
Excuse me!	Could you tell me	the way to the city hall?
저기 죄송한데요	말해줄래요?	가까운 편의점을
Excuse me!	Can you tell me	the nearest convenience store?

➤ GOT IT [이해했습니다]

알겠어요	얼마나 해야 하죠? 걷는 것을
I got it	How long should I walk for?
알겠어요	얼마나 걸리죠? 거기까지 가는 것이
I got it	How long does it take to get there?

네 물론이죠. 쭉 앞으로 가시다가 도서관이 보이시면 왼쪽으로 꺾으세요. 그리고는 첫 번째 오른쪽에서 다시 한번 꺾으시면 버스정류장 맞은편에 있습니다. 절대 놓치지 않을 거예요!
Yes no problem. Keep walking straight ahead then you turn left when you see the library. Then take your first right and it's across from the bus station. You cannot miss it!

➤ NEW HERE [여기가 처음이어서요]

난 여기가 처음이에요	감사합니다
I'm new here	Thank you so much
난 여기가 처음이에요	너무 감사합니다 당신의 도움에
I'm new here	Thank you so much for your help

글쎄요 제 생각에서는 여기서 한 10분 정도 걸릴 듯해요. 혹시 못 찾으시면 다른 분에게 또 여쭤보세요.
Well I think it is going to take about 10 min from here. You can ask someone else if you have a trouble again.

리얼 패턴

➤ I THINK I'M SO LUCKY THAT I + 동사 [저는 ~해서 운이 좋은 것 같아요]

감사합니다	전 운이 좋은 것 같아요	당신을 만나서
Thank you so much	I think I'm so lucky that I	met you
전 운이 좋은 것 같아요	만날 수 있어서 당신 같은 사람을	
I think I'm so lucky that I	could meet someone like you	

YOLO 여행_유럽여행

유레일패스 사용법
Do you know how to use the Eurail pass?

워밍업

Do you know how to use the Eurail pass?

Eurail pass 사용법에 대해서 알고 계시나요?

What would you do if your pass is lost or stolen?

만약 티켓을 잃어버리거나 누가 훔쳐 갔다면 어떻게 하시겠습니까?

리얼 표현

ACTIVATE [활성화시키다]

안녕, 난 원해 활성화시키는 것을 / 내 기차표를
Hi, I want to activate my rail pass

안녕, 도와줄래 / 활성화시키는 것을 내 기차표를?
Hi, can you help me activate my rail pass?

네 고객님 알겠습니다.
여기 여권과 도장 찍힌 티켓 받으세요.
즐거운 여행 되십시오.
Right away sir.
Here's your passport with your stamped ticket. Enjoy your trip

MY BAD [제 실수네요]

제 실수네요 / 잊어버렸어요 활성화시키는 것을
My bad! I forgot to activate my pass

하지만 전 시작했어요 / 기차표를 24일에
but I started the pass on 24th

기차표를 보여주시겠습니까? 손님 죄송하지만, 기차표에 도장이 찍혀있지 않습니다. 기차표 활성화를 깜빡하신 것 같습니다. 여기서 제가 활성화를 시켜드릴 수는 있지만, 추가 $10을 지불하셔야 합니다.
May I see your rail pass please? I'm sorry the pass should be stamped. I think you forgot to activate your ticket sir. I can help you activate your pass but you will be charged a fee of $10

EURAIL PASS HOLDER [EURAIL PASS 소지자]

난 들었어 / 난 받을 수 있다고 / 20%를 / 맞지?
I heard that I can get a 20% discount Right?

받을 수 있니 / 할인?
Can I get a discount?

리얼 패턴

I TOTALLY FORGOT TO + 동사 [~할 것을 완전 까먹었었어]

오마이갓! / 난 완전히 잊어버렸어 / 활성화시키는 것을 / 내 기차표를
Omg! I totally forgot to activate my rail pass

이런 / 정말 죄송합니다 / 전 완전히 까먹었어요 / 가져오는 걸 제 여권을
Oh damn! I'm so sorry sir I totally forgot to bring my passport

YOLO 여행_유럽여행

열차 인맥 만들기

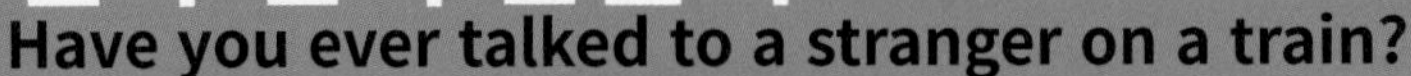

Have you ever talked to a stranger on a train?

워밍업

What do you do to get a second date?
애프터 신청을 받기 위해선 어떻게 해야 하나요?

How do you start a conversation with someone on a train?
어떻게 대화를 시작하나요?

리얼 표현

➤ ADD SOMEONE ON [추가하다]

넌 사용 해? 페이스북 Do you use Facebook?	추가해도 되 널? Can I add you	페이스북에 on Facebook?
넌 페이스북해? Are you on Facebook?	추가해도 돼? Can I add you	페이스북에 on Facebook?

➤ HANG OUT [놀다]

같이 놀래? Wanna hang out?	내 말은 저녁? I mean dinner?
같이 놀래? Wanna hang out?	있잖아 커피? You know, coffee?

➤ HAVE TO SAY NO [안될 것 같아]

음 미안 Well,	난 못 해 I'm sorry I can't	안될 거 같아 I have to say no
음 Um,	이건 좀 지나쳐 this is a little too much	안될 거 같아 I have to say no

리얼 패턴

➤ CAN YOU SPARE + 명사 [~내어 줄 수 있나요?]

내어 줄 수 있나요? Can you spare	시간을 오늘 some time today?
내어 줄 수 있나요? Can you spare	나에게 잠시 시간을 me a moment?

YOLO 여행_필수표현

여권 분실

Have you ever lost your passport while travelling?

워밍업

Have you ever lost your passport while travelling?
여행 중, 여권을 잃어버린 적이 있나요?

What would you do first when you found out your passport was missing?
당신 여권이 분실된 것을 발견한다면 가장 처음에 무엇을 하겠습니까?

리얼 표현

➤GOT ROBBED [소매치기당했다]

나 소매치기당했어
I got robbed

난 찾을 수가 없어
I can't find

내 여권과 내 지갑
my passport or my wallet

나 소매치기당했어
I was robbed

누가 훔쳐 갔어 내 여권을
Someone stole my passport

➤FILE A POLICE REPORT [분실신고서 작성]

전 하고 싶어요
I would like

분실신고서 작성을
to file a police report

전 필요해요
I need

분실신고서 작성이
to file a police report

➤DROP OFF [내려주다]

날 내려줄래요?
Can you drop me off

대사관에
at the embassy

플리즈
please?

난 없어요 돈이
I got no money

날 제발 내려줄래요
Can you please drop me off

대사관에
at the embassy?

리얼 패턴

➤OH MY GOD! I GOTTA + 동사 [OMG! 나 ~ 해야 해]

오마이갓!
Oh my god!

난 해야 해 전화를 경찰에게
I gotta call the police

오마이갓!
Oh my god!

난 가야 해 지금 난 늦었어
I gotta go now I'm late

YOLO 여행_필수표현

긴급상황

What kind of problems have you faced while travelling?

워밍업

What kind of problems have you faced while travelling?
여행 도중 문제가 생긴 적이 많나요?

Who would you call first, the embassy or the police?
누구에게 먼저 연락을 하시겠습니까? 대사관? 혹은 경찰?

리얼 표현

➤ I'M LOST [길을 잃었어요]

전 관광객이고
I'm a tourist
전 길을 잃었어요
and I'm lost
도와주실래요?
Can you help me?

실례합니다
Excuse me,
전 여기 처음이에요
I'm new here
그리고 길을 잃었어요
and I'm lost
뭘 해야 하죠?
What should I do?

➤ GO SEE A DOCTOR [병원에 가다]

난 필요해
I need
의사 보는 것이
to go see a doctor
어디예요? 가까운 병원이 여기에서
Where is the nearest hospital here?

전 아파요
I feel awful
난 필요해 의사 보는 것이
I need to see a doctor
어디예요? 가까운 병원이
Where is the nearest hospital?

➤ RIPOFF [바가지]

도와줘요 제발
Help me please!
쟤가 시도하려고 해요
He is trying to
바가지 씌우는 것을 나한테
rip me off

이봐!
Hey!
하지 마 바가지 씌우는 거
Don't try to rip me off!

리얼 패턴

➤ HOW DO I GET TO + 명사 [~에 어떻게 가죠?]

실례합니다
Excuse me sir
어떻게 가죠
How do I get to
대사관에
the embassy?

난 찾고 있어요
I'm looking for
가까운 경찰서를
the nearest police station
어떻게 가죠 거기에
How do I get there?

YOLO 여행_필수표현

변태 처치

How do you get rid of perverts?

워밍업

How do you get rid of perverts?

변태를 어떻게 처치하시나요?

Would you rather be gentle or be angry?

정중하게 말하시겠어요? 아니면 화를 내시겠어요?

리얼 표현

➤ LEAVE ME ALONE [날 내버려 둬]

엄,
Um,

나 바빠 지금
I'm busy here

좀 내버려 둬
Please leave me alone

아 진짜..
For God's sake!

제발 내버려 둬
please leave me alone

➤ WHATEVER [그러거나 말거나]

그러거나 말거나
Whatever!

➤ PISS OFF(숙취-실수) [꺼져]

왜 그냥
Why don't you

꺼지지?
just piss off?

왜 그냥
Why don't you

씨x 꺼지지?
just f*** off?

리얼 패턴

➤ I SWEAR TO GOD I WILL + 동사 [맹세하는데 난 ~할 거야]

만약 말한다면 나에게 한 번 더
If you talk to me again,

난 맹세해
I swear to god

경찰 부를 거야
I will call the police

만약 만진다면 나를 한 번 더
If you touch me again,

난 맹세해
I swear to god

목을 부러뜨릴 거야
I will break your neck

YOLO 여행_필수표현

쇼핑

Do you always buy souvenirs while travelling?

워밍업

Do you always buy souvenirs while travelling?
여행 시, 항상 기념품을 사시나요?

What kind of souvenirs do you usually buy?
어떤 기념품들을 주로 사시나요?

리얼 표현

➤ LOWER THE PRICE [깎아주세요]

이건 너무 비싸
This is too expensive

좀 깎아주세요
Can you lower the price?

좀 깎아줄래요
Can you lower the price?

30불은 어때요?
How about 30?

➤ GIFT WRAP [선물 포장해 주세요]

이건 제 여자친구 선물이에요
It's for my girlfriend

포장해줄래요?
Can you gift wrap it?

이건 선물이에요 친구의
It's a gift for my friend

포장해줄래요?
Can you please gift wrap it?

➤ BUY ONE GET ONE FREE [원 플러스 원]

이거 원 플러스 원인가요?
Is this buy one get one free?

이거 원 플러스 원이죠
It is buy one get one free

맞죠
Right?

이걸로 할게요
I'll take them

리얼 패턴

➤ IT TOOK ABOUT AN HOUR TO + 동사 [~하는 데 1시간 걸렸어]

난 생각해
I guess

걸렸어 한 시간 정도
it took about an hour

사는 것이 모든 기념품을
to buy all the souvenirs

걸렸어 한 시간 정도
It took about an hour

가는 것이 거기
to get there

교환 학생_수업 듣기

첫 수업

How was your first class at university?

워밍업

How was your first class at university?

대학교에서 첫 수업이 어땠었나요?

Was there something special going on or did anything unexpected happened?

특별한 일이 있었나요? 혹은 예상하지 않았던 일이 일어난 적이 있나요?

리얼 표현

➤ DANG [이런 – DAMN의 다른 표현]

오 이런!
Oh dang!

잘 이해가 안 돼 넌?
I don't get it Do you?

이런
Dang!

너무 더워 밖은
It's hot outside

안녕
How's it goin?

➤ NEWBIE [초보자 / 신참]

안녕
Hey what's up!

난 신입생이야 여기
I'm a newbie here

안녕 난 진이야 그리고
How's it goin' I'm Jean and

난 신입생이야 여기
I'm a newbie here

➤ LET'S SWAP NUMBERS [번호 교환하자]

반가워!
Good to see you man!

이봐! 번호 교환하자
Hey! Let's swap numbers

크리스? 반가워
Chris? Nice to meet you

있잖아
You know what?

번호 교환하자
Let's swap numbers!

리얼 패턴

➤ JUST PRETEND LIKE + 주어 + 동사 [~한 것처럼 행동해]

그냥 행동해
Just pretend like

네가 알아들은 것처럼 모든 걸
you understand everything

그냥 행동해
Just pretend like

아무 일이 없던 것처럼
nothing happened

교환 학생_수업 듣기

시험/과제 준비

How do you prepare for an exam?

워밍업

How do you prepare for an exam?

시험을 어떻게 준비하시나요?

What are the best and worst ways to prepare for an exam?

시험 준비를 위해 가장 좋고 가장 나쁜 방법은 무엇이 있나요?

리얼 표현

PULL AN ALL-NIGHTER [밤을 새다]

나 있어 시험이 내일
I have an exam tomorrow

그리고 응,
And yep,

난 해야 해 밤을 새우는 것을
I have to pull an all-nighter

난 그냥 원해 자는 것을
I pulled an all-nighter

나 밤새웠어
I just wanna sleep

I went to an all-nighter라고 하면 스터디 그룹원들 모두와 함께 밤을 세웠다고 판단 됨

CRAM [벼락치기 하다]

난 해야 해 벼락치기를
I gotta cram

기말고사를 위해
for the finals

난 필요해 벼락치기 하는 걸
I need to cram

기말고사를 위해 오늘
for final exams today

같이 할래?
Wanna join?

HAND IN [제출하다]

제출했어?
Did you hand in

너의 에세이 어제
your essay yesterday?

난 해야 해 제출을
I must hand in

내 과제를
my assignment

오늘 오후까지
by this afternoon

리얼 패턴

I MIGHT HAVE TO + 동사 [난 ~해야 할 것 같아]

난 있어 시험이 내일
I got an exam tomorrow

난 해야 할 것 같아
I might have to

밤을 새우는 것을
pull an all-nighter

난 있어 많은 것들이 할
I got a lot of things to do

난 해야 할 것 같아
I might have to

곧 가는 것을
leave soon

교환 학생_수업 듣기

땡땡이

Have you been absent from school?

워밍업

Have you been absent from school?

학교를 결석한 적이 있나요?

What did you do or where did you go when you skipped classes?

수업에 안 가면 무엇을 했나요? 혹은 어디를 갔나요?

리얼 표현

➤ SKIP CLASS [땡땡이]

난 그냥 하고 싶어 I just wanna	땡땡이를 모든 수업을 skip all my classes	오늘 today
난 맹세해 I swear to god	절대 안 했어 I never	땡땡이 수업을 skipped classes

➤ DROP THE COURSE [수강 취소]

수강 취소 해도 돼요? Can I drop the course	도중에 학기 during the semester?	
난 싫어 교수가 I hate the professor	난 원해 I wanna	수강 취소를 drop the course

➤ SCREWED UP [망쳤어]

난 정말 망쳤어 I really screwed up	맞지? right?
안돼! 난 망쳤어 Oh no! I screwed up	내 영어 시험을 my English test

리얼 패턴

➤ IF I WERE YOU, I WOULD + 동사 [내가 만약 너라면, ~할 거야]

내가 너라면, If I were you,	난 안 갈거야 I wouldn't go	파티에 오늘 밤 to that party tonight	우린 있잖아 시험이 내일 We got an exam tomorrow
내가 너라면 If I were you,	난 할 거야 수강 취소를 I would drop that course		

교환 학생_수업 듣기

멘토링 프로그램

Have you heard about the mentoring program?

워밍업

Have you heard about the mentoring program?
멘토링 프로그램에 대해서 들어본 적이 있나요?

Do you know what ISEP is?
ISEP가 무엇인지 아시나요?

리얼 표현

➤POLISH [올바르게 수정하다]

난 이해가 안 돼
I don't get it

내 생각은
I think

난 필요해 멘토가
I need a mentor

수정해줄래? 내 영어를
Can you polish my English?

수정해줄래? 내 영어를
Can you polish my English?

내가 가르쳐줄 수 있어 한국어를
I can teach you Korean!

➤UP TO YOU [너 편할 대로]

우린 할 수 있어 공부를 여기서
We can study here

아니면 도서관에서
or in the library

너 편할 대로
It's up to you

오 난 괜찮아
Oh, I'm OK

너 편할 대로
Up to you man

➤MAKE THE MOST OF IT [최선을 다하다]

완벽해!
Perfect!

최선을 다하자!
Let's make the most of it!

너무 고마워
Thank you so much

난 확실해
I'm sure

우리가 최선을 다할 것을
we will make the most of it

리얼 패턴

➤I'VE BEEN ASKED TO + 동사 [~것을 요청 받았어]

안녕
How's it going?

난 요청 받았어
I've been asked

그의 멘토가 되는 것을
to be his mentor

안녕
What's up!

난 요청 받았어
I've been asked

도와주라고 너를
to help you

교환 학생_기숙사 생활

룸메이트

Have you ever stayed in a dorm at a university?

워밍업

Have you ever stayed in a dorm at a university?
대학 때, 기숙사 생활을 해본 적이 있나요?

How was your roommate?
본인 룸메이트가 어땠었나요?

리얼 표현

➤ NERD [얼간이]

맨
Man,

그는 오직 게임만 해 컴퓨터 게임을
He only plays computer games

진짜 얼간이야!
Such a nerd!

그는 얼간이야
He is a nerd

말도 하지 마 걔랑
Don't even talk about him

➤ ANTI-SOCIAL [반사회주의자]

그녀는 싫어해 대화를
She hates talking

그리고 그녀는 싫어해 사람들을
and she hates people

그녀는 반 사회주의자야
She is an anti-social

그녀는 절대 안 해 대화를 누구와도
She never talks to anyone

맞아! 그녀는 반 사회주의자야
Yep! she is an anti-social

➤ SELFISH PRICK [이기적인 놈]

헤이 맨!
Hey man!

여긴 기숙사야, 아니고 너희 집이
This is a dorm, not your house

넌 정말 이기적인 놈이야
You are such a selfish prick

테드는 정말 이기적인 놈이야
Ted is such a selfish prick

그는 신경 안 써
He doesn't care

다른 사람들을
about others

리얼 패턴

➤ WHAT TYPE OF + 명사 + DO YOU LIKE? [어떤 ~을 좋아하세요?]

어떤 여자를
What type of a girl

좋아하세요?
do you like?

어떤 남자를
What type of a guy

좋아하세요?
do you like?

교환 학생_기숙사 생활

인맥 쌓기

How do you make friends at a dorm or at school?

리얼영어-선택

리얼영어-월별

워밍업

How do you make friends at a dorm or at school?
기숙사나 학교에서 친구를 어떻게 만드시나요?

What's the best way to make friends fast?
친구를 만들기 가장 좋은 방법은 무엇인가요?

리얼 표현

➤ BEER PONG [비어퐁 게임]

하자! 비어퐁
Let's play beer pong!

나 이겼어 비어퐁을
I won (at) beer pong

➤ HIGH [핑 돈다]

아 이런!
Oh dang!

핑 돈다
I'm so high

나 완전 핑 돌아 브로
I got so high bro

➤ YOU GUYS [너희들]

헤이
Hey!

너희들 갈래 담배 피우러?
You guys wanna go smoke?

헤이
Hey!

나 있어 테킬라 한 병
I got a bottle of tequila

너희들 조인할래?
You guys wanna join?

리얼 패턴

➤ YOU DON'T WANNA + 동사 [~하지 않는 게 좋을걸]

글쎄
Well,

놓치지 않는 게 좋을 걸 파티를
you don't wanna miss the party

그거 알아?
You know what?

알지 않는 게 좋을 걸
You don't wanna know

그가 누군지
who he is

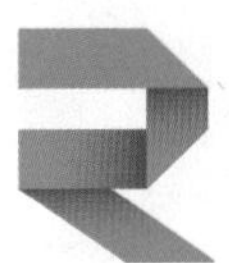

교환 학생_기숙사 생활

말다툼

How often do you fight with your friends?

워밍업

How often do you fight with your friends?

당신은 얼마나 종종 친구와 싸우나요?

Do you think those fights will bring you guys closer?

그러한 싸움들이 친구와 더 가깝게 만든다고 생각하나요?

리얼 표현

➤ CALL DIBS [찜했다]

내가 찜했어
I call dibs!

내가 찜했다 그녀는
I call dibs on her!

➤ YOU NEED A REALITY CHECK [현실을 좀 직시해야 해]

A 난 살 거야 / 포르쉐를 올해
I'm gonna buy / a porsche this year

B 음 진, / 넌 정말 현실을 좀 직시해야 해
Um, Jean / You really need a reality check

➤ A WAY OUT [탈출구]

그거 알아?
You know what?

그냥 이렇게?
Just like that?

넌 항상 빠져나가
You always have a way out

넌 항상 빠져나가
You always have a way out

난 말하기 싫어 더 이상
I don't wanna talk anymore

리얼 패턴

➤ WHY ARE YOU ALWAYS + 동명사/명사/형용사 [넌 맨날 왜 ~ 해?]

왜 넌 항상 / 늦어?
Why are you always / late?

왜 넌 항상 / 전화해?
Why are you always / on the phone?

교환 학생_기숙사 생활

친해지기

How do you get closer to someone?

워밍업

How do you get closer to someone?

사람과 어떻게 친해지나요?

Do you want to make a lot of friends from all around the world?

전 세계에서 온 친구들과 친해지고 싶나요?

리얼 표현

➤ I GOT YOU [이해했어]

헤이 맨
Hey man!

괜찮아! 이해했어
It's OK! I got you

오 진짜?
Oh really?

이해했어
I got you

➤ IT'S ON ME [내가 살게]

넣어둬 돈
Keep your money

내가 살게
It's on me

술 마실래?
Wanna go for a drink?

내가 살게
It's on me man

➤ ALL GOOD [다 괜찮아]

헤이! 괜찮아
Hey! All good

다 괜찮아
It's all good bro!

리얼 패턴

➤ HE/SHE MAKES ME + 동사 [~하게 만든다]

진?
Jean?

젠?
Jen?

걔 좋은 애야
He's a good guy

그녀는 이뻐
She is gorgeous

그는 만들어 나를 웃게
He makes me laugh

그녀는 만들어 나를 미소 짓게
She makes me smile

교환 학생_익숙해지기

교수 욕하기

Who is your favorite professor?

워밍업

Who is your favorite professor you've had and why?
가장 좋아하는 교수가 누구이며 이유는 뭔가요?

Who is the worst professor and why?
가장 별로인 교수는 누구이며 이유는 뭔가요?

리얼 표현

➤SUCK UP TO [아첨하다]

내 생각엔 내 교수가 싫어해 날
I think my professor hates me
난 해야 해
I have to
아첨을 내 교수에게
suck up to my professor
너 알지 제니 그지?
You know Jenny right?
그녀는 항상 아첨해
She is always sucking up
그녀의 교수에게
to her professor

➤PICK ON ME [나만 가지고 그래]

맙소사!
God!
왜 저만 가지고 그래요?
Why pick on me?
전 안 했어요 아무것도 잘못한 거
I didn't do anything wrong
아 좀요 Jones 교수님!
Come on, Professor Jones!
제발 저 좀 내버려 두세요
Please don't pick on me

➤MAKE SENSE [말이 되다]

우린 있어?
We got
또 다른 시험이 오늘
another test today?
말이 돼?
Does that make sense?
난 C 받았어
I got C
그리고 그녀는 B?
and she got B?
말이 돼?
Does that make sense?

리얼 패턴

➤HE/SHE IS JUST + 형용사 [걘 그냥 ~해]

누구? 내 교수?
Who? My professor?
그는 그냥 희망 없어
He is just hopeless
말도 하지 마 그녀에 대해서
Don't even talk about her
그녀는 그냥 멍청해
She is just stupid

교환 학생_익숙해지기

룸메와 티격태격

How was the relationship with your roommate?

워밍업

How was the relationship with your roommate?
룸메이트와 좋은 관계를 유지했었나요?

What would you do when you had troubles with your roommate?
룸메이트와 문제가 생기면 어떻게 하시겠나요?

리얼 표현

➤ GET TECHNICAL [따져보다]

따져볼까?
You wanna get technical?

만약 네가 원하면
If you wanna

따지는 것을
get technical about it?

그래! 그건 내 것이 아니야
Yes! It isn't mine!

➤ LOOK THAT EASY? [만만해 보여?]

헤이 맨
Hey man!

내가 만만해 보여?
Do I look that easy to you?

뭐? 그게 다야?
What? That's it?

내가 만만해 보여?
Do I look that easy?

➤ DON'T GIVE A SH*T [신경 안 써]

이봐,
Look,

난 신경 안 써
I don't give a sh*t

너의 남친/여친에 대해서
about your boyfriend/girlfriend

그거 알아?
You know what?

난 신경 안 써
I don't give a damn

리얼 패턴

➤ WHAT THE HELL ARE YOU + 동명사 [너 지금 ~ 하는 거냐]

너 지금 뭐라는 거냐?
What the hell are you saying?

너 지금 무슨 소리 하냐?
What the hell are you talking about?

교환 학생_익숙해지기

맞장구

How do you respond to someone naturally?

워밍업

How do you respond to someone naturally?

누구와 이야기할 때 어떻게 자연스럽게 맞장구를 치나요?

How should you respond when someone says 'you are so quiet'?

대화 도중, 상대방이 '넌 너무 말이 없어'라고 한다면 어떻게 반응하시겠어요?

리얼 표현

➤NO WAY [말도 안 돼]

그가 만나 제나를 / 말도 안 돼
He is dating Jenna? / **No way!**

그게 Chrissy라고? / 말도 안 돼
That's Chrissy? / **No way!**

➤ARE YOU SERIOUS? [확실해]

음, 그래서, 그가 네 / 새 남친이라고 그지? 음 / 확실해?
Um··· So··· He is your / **new boyfriend right? Um···** / **Are you serious?**

그녀가 바람 피웠다고? / 이런 씨* 확실해?
She cheated on you? / **Are you f**king serious?**

➤THERE YOU GO [거 봐]

A 넌 뚱뚱하지 않아 진 / 네가 할 모든 것은 운동이야
You are not fat Jean / **All you need to do is** / **to work out**

B 고마워, / 헬스장이 있어 학교 근처에
Thx! / **There's a gym near the school**

A 거 봐
There you go

리얼 패턴

➤I'M NOT GONNA LIE TO YOU, BUT + 주어 + 동사 [진짜 뻥 안치고 말할게~]

뻥 안칠게 근데 / James는 왔었어 파티에 / 어젯밤에
I'm not gonna lie to you, but / **James came to the party** / **last night**

뻥 안칠게 근데 / 넌 보여 너무 멋지게 / 오늘
I'm not gonna lie to you, but / **you look fantastic** / **today**

교환 학생_익숙해지기

우쭈쭈해주기

How do you encourage your friends?

리얼영어-선택

리얼영어-월별

워밍업

How do you encourage your friends?

친구에게 어떤 식으로 격려해주나요?

Do you share secrets with your friends?

친구들과 비밀을 공유하나요?

리얼 표현

➤ GOOD FOR YOU [잘했어]

A 요 맨
Yo, man!
나 통과했어 시험
I passed the test!

B 잘했어
Good for you man!

➤ YOU KNOW WHAT I'M SAYIN' [뭔 말인지 알지]

넌 할 수 있어 더 이것보다
You can do better than this
뭔 말인지 알지
You know what I'm sayin'

난 할 수 없었어
I couldn't do it
너 없이는
without you
뭔 말인지 알지
You know what I'm sayin'

➤ IT IS WHAT IT IS [원래 그런 거야]

알아 힘든 거
I know it's hard
이해하는 것이
to understand,
근데
but
원래 그런 거야
it is what it is man

맞아 말도 안 돼
Yeah, it doesn't make any sense at all,
근데
but
어쩔 수 없어
it is what it is man

리얼 패턴

➤ WHY WOULDN'T I BE + 과거분사 [왜 ~하지 않겠어?]

왜 안 하겠어?
Why wouldn't I be

왜 안 그러겠어?
Why wouldn't I be
널 걱정하는 것을
worried about you?

신입사원_첫 출근

첫 업무

Do you remember your first day at work?

워밍업

Do you remember your first day at work?

직장에서의 첫날을 기억하시나요?

What was the first job you had on your first day at work?

첫날의 업무가 무엇이었나요?

리얼 표현

➤ FOLLOW [알아듣다]

이건 너의 업무야
This is your work

알아들어?
You follow me?

난 희망해
I hope

날 알아듣기를
you follow me

➤ BREAK IT DOWN [설명하다]

잘 설명할게
I'll break it down

잘 설명해줄게
Let me break it down for you

➤ UNDER CONTROL [제어되는]

일 잘돼?
Is the work under control?

넵,
Yes sir,

모든 게 다 잘 됩니다
I got everything under control

리얼 패턴

➤ YOU GOTTA START + 동명사 [~을 해야 해]

넌 시작해야 해
You gotta start

배우는 것을
learning

넌 시작해야 해
You gotta start

말하는 것을 사람들과 나이스하게
talking to people nicely

신입사원_첫 출근

야근

Do you work overtime?

리얼영어-선택

리얼영어-월별

워밍업

Do you work overtime?

야근을 하시나요?

Can you say no to overtime?

야근하라고 하면 안 된다고 하실 수 있나요?

리얼 표현

BE TIED UP WITH [~으로 매여있다]

너 지금 바빠?
Are you tied up now?

응
Yeah,

난 지금 바빠 일로 맨
I'm tied up with work man

OFF THE HOOK [벗어나다]

진, 거의 10시야
Jean, it's almost 10

이제 가도 돼
You are off the hook

집에 가
Go home

예쓰!
Yes!

미팅 취소됐어
The meeting has cancelled

난 이제 가도 돼
That gets me off the hook

SIGN OFF [끝내다]

11시?
It's 11?

나 끝낼래 오늘
Imma sign off for today

제니퍼!
Jennifer!

넌 오늘 끝내도 돼
You can sign off

좀 빨리
a bit early today

내일 봐
See you tomorrow

리얼 패턴

I'M IN THE MIDDLE OF + 동명사/명사 [나 지금 ~하는 중이야]

지금? 못해요
Now? I can't

난 지금 하는 중이에요
I'm in the middle of

무언가
doing something

난 지금 먹는 중이에요
I'm in the middle of

점심
lunch

신입사원_첫 출근

칼퇴

What time do you get off work?

워밍업

What time do you get off work?

몇 시에 퇴근하시나요?

What do you usually do when you get off work?

퇴근하면 보통 무엇을 하시나요?

리얼 표현

➤ GET OUT AT 6 SHARP [6시 칼퇴]

몇 시?
What time?

난 6시 칼퇴!
I get out at 6 sharp

난 퇴근해
I leave work

6시에 정확히
at 6 o'clock sharp

➤ A LONG WAY TO GO [갈 길이 멀다]

맨!
Man!

난 아직 갈 길이 멀어
I still got a long way to go

먼저가
Go home first

6? 말도 안 돼
6? No way

난 아직 갈 길이 멀어
I still have a long way to go

➤ UNWIND WITH A BOTTLE OF BEER [맥주 한잔으로 풀다]

난 그냥 나와버렸어 사무실을
I just got out the office

난 풀고 싶어
I wanna unwind

맥주 한잔으로
with a bottle of beer

난 필요해
I need

푸는 것이 맥주 한잔으로
to unwind with a bottle of beer

맞아,
Yeah,

난 진짜 필요해 그게
I really need that

리얼 패턴

➤ NO MATTER WHAT, I + 동사 [무슨 일이 있어도 난~]

무슨 일이 있어도
No matter what

난 떠나 6시에
I leave at 6 today

엄마 생일이야
It's my mom's birthday

무슨 일이 있어도
No matter what

난 믿어 너를
I trust you

신입사원_첫 출근

지각

Have you ever been late for work?

워밍업

Have you ever been late for work?

직장에 늦어본 적이 있나요?

How long does it take you to get to work?

직장까지 얼마나 걸리나요?

리얼 표현

➤ LATE TO WORK [지각하다]

헤이 스티브, 진이야! / Hey Steve, It's Jean!
나 늦을 거 같아 해줄래? / I'm running late to work
해줄래? 내 컴퓨터 켜는 것을 / Can you turn on my computer?
나 안 먹었어 아침을 오늘 아침에 / I didn't have breakfast this morning
지각했었어 / I was running late to work

➤ ON MY WAY [가는 길]

가는 길이야 / I'm on my way
곧 가 / I'll be there soon
그녀는 오는 길이야 / She's on her way
그녀는 여기 올 거야 / She'll be here
20분 안에 / in 20 min

➤ CALL ME OUT [지적하다]

맞아, / Yeah,
내 상사가 지적했어 / my boss called me out
늦은 거로 / on being late
으악, / Ugh,
내 상사가 지적했어 또 / my boss called me out again
내 청바지를 / about my jeans

리얼 패턴

➤ I THINK I MIGHT BE + 형용사/명사/동명사 [난 아마 ~것 같아]

이봐 존 / Hey, John
난 아마 늦을 것 같아 / I think I might be a little late
미안 / Sorry
내 생각엔 난 도착할 것 같아 / I think I might be arriving
정시에 오늘은 / on time today

신입사원_커뮤니케이션

제안

How do you communicate with co-workers?

워밍업

How do you communicate with co-workers?

직장동료들과 어떻게 소통하시나요?

Are there a lot of meetings at work?

업무상, 미팅이 많이 있나요?

리얼 표현

➤ WRAP IT UP [마무리하다]

알았어
Alright!

오케이 가이즈
Okay guys

마무리하자
Let's wrap it up!

마무리하자!
Let's call it a day!

➤ WITHOUT A FURTHER ADO [거두절미하고]

거두절미하고,
Without a further ado,

거두절미하고,
Without a further ado,

시작할게요 제가 미팅을
let me start the meeting

보여줄게요 제품을
I will show you the product

➤ USE A LITTLE BREATHER [한숨 돌리다]

한숨 돌리자
You could use a little breather

일이 너무 많아
Too much work

5분 후에 와
Back in 5!

한숨 좀 돌려
I could use a little breather

리얼 패턴

➤ WHAT I'M TRYING TO SAY IS TO + 동사 [내가 하고 싶은 말은 ~이야]

그래서 So,	내가 하고 싶은 말은 what I'm trying to say is	말하는 거야 고객에게 한 번 더 to talk to the client again
알겠어 I got it,	하지만 내가 하고 싶은 말은 but what I'm trying to say is	미팅을 하는 거야 그와 to have a meeting with him

업무충돌
Have you ever had a conflict with co-worker?

워밍업

Have you ever had a conflict with co-worker?
직장 동료와 마찰이 있던 적이 있나요?

How do you solve those problems?
그런 문제들을 어떻게 해결하시나요?

리얼 표현

➤ AT THE LAST MINUTE [막판에 닥쳐서]

그는 바꿨어 그의 계획을 He changed his plans	막판에 닥쳐서 at the last minute
그녀는 항상 줘 나에게 업무를 She always gives me work	막판에 닥쳐서 at the last minute

➤ SETTLE [해결하다]

조용히 해! You be quiet!	해결할 거야 이걸 I'm gonna settle this	당장 right now
헤이 가이즈! Hey guys!	해결할게 내가 Let me settle this	

➤ TALK IT OUT [말로 풀다]

얘들아, 얘들아 Guys, guys	좀 진정해 Please calm down	그리고 말로 해 and talk it out
말로 풀자고? You wanna talk it out?	좋아, 해봐 Fine, go ahead	

리얼 패턴

➤ LOOK, THE POINT IS THAT + 주어 + 동사 [봐봐, 결론적으로 ~]

이봐, 결론적으로 Look, the point is that	넌 말 안 했어 나에게 그것에 대해서 you didn't tell me about it	
이봐, 결론적으로 Look, the point is that	난 받지 못했어 전화를 I didn't get any calls	그녀에게서 from her

신입사원_커뮤니케이션

맞장구

How do you encourage your team members?

워밍업

How do you encourage your team members?
본인 팀원들을 어떤 방식으로 용기를 주나요?

Is there any unique ways to encourage them?
좀 특별한 방법이 있나요?

리얼 표현

➤ RIGHT ON [아주 좋아]

A 먹을래 스테이크 / 점심으로
Wanna have a steak for lunch?

B 아주 좋아
Right on!

➤ NOW YOU ARE TALKING! [얘 말 잘하네]

A 내 생각엔 / 진은 완벽한 사람이야 / 이 프로젝트에
I think Jean is the right person for this project

B 얘 말 잘하네
Now you are talking!

➤ I COULDN'T AGREE MORE [대 찬성이야]

A 날씨 죽인다 / 그지?
The weather is beautiful, right?

B 내 말이
I couldn't agree more with you

리얼 패턴

➤ I THINK YOU ARE THE RIGHT PERSON FOR + 명사/동명사 [~하기에 네가 가장 적합한 사람이야]

내 생각엔	네가 적합한 사람이야	이 직업으로
I think	you are the right person	for this job
내 생각엔	네가 적합한 사람이야	이 직위로
I think	you are the right person	for this position

동기사랑

Do you stay in touch with old coworkers?

워밍업

Do you stay in touch with old coworkers?

예전 동료들과 연락을 하고 지내나요?

How do you handle junior colleagues?

직장 후배들을 어떻게 관리하시나요?

리얼 표현

➤ HARD WORK PAYS OFF! [열심히 한 일은 보답이 있다]

열심히 일하면 보답은 있어
Hard work pays off!

있잖아	그녀의 노력은 보답이 있었어	끝에는
You know,	her hard work paid off	in the end

➤ I'M ROOTING FOR YOU [응원할게]

너 나 알지 그지?	응원할게
You know me right?	I'm rooting for you
그리고 믿어 나를	난 응원할 거야 너를
And believe me man	I'm gonna be rooting for you

➤ SCRATCH MY BACK, AND I'LL SCRATCH YOURS [상부상조하자]

상부상조하자
Scratch my back, and I'll scratch yours

글쎄,	날 도와줘	나도 널 도울게
Well,	you scratch my back,	and I'll scratch yours

리얼 패턴

➤ AS FAR AS I KNOW, YOU ARE + 형용사/명사 [내가 아는 한, 넌 ~]

내가 아는 한,	넌 정말 좋은 사람이야	
As far as I know,	you are a really good person	
내가 아는 한,	너는 최고 동료야	내가 일했던 사람 중
As far as I know,	you are the best co-worker	I've ever worked with

신입사원_회식

아부

Do you like talking and drinking with your boss at a company dinner?

워밍업

Do you like talking and drinking with your boss at company dinner?
직장상사와 회식 때, 대화하고 술 마시는 것을 좋아하나요?

How do you make your boss happy when drinking?
회식 술자리에서 직장상사를 기쁘게 하는 방법은 무엇입니까?

리얼 표현

➤ LIKE NOBODY ELSE [누구보다 잘해]

넌 만들어
You make
우리 팀을 행복하게
our team members happy
누구보다도 더
like nobody else

진은 가르쳐 영어를
Jean teaches English
누구보다도 더 잘
like nobody else

➤ KISS ONE'S ASS [아부하다]

진은 항상
Jean always
아부해
kisses my boss's ass!
GOD! 난 진짜 싫어 걔
God! I hate him

오 진짜?
Oh really?
꺼져
Kiss my ass!

➤ WAY BETTER [훨씬 더]

당신은
You are
훨씬 더 나아 Mr. Jones보다
way better than Mr. Jones

우리 팀은 훨씬 더 나아
Our team is way better than
세일즈 팀보다
the sales team

리얼 패턴

➤ I APPRECIATE YOUR + 명사 [~해주셔서 감사합니다]

감사합니다
I appreciate
당신의 친절에
your kindness

감사합니다
I appreciate
당신의 지지에
your support

신입사원_회식

하소연

Do you complain a lot at work?

워밍업

Do you complain a lot at work?

직장에서 불평을 많이 하나요?

What kinds of complaints do you usually make?

어떠한 불평을 주로 하시나요?

리얼 표현

➤ HEAR ME OUT [들어주다]

들어줄래?
Will you just hear me out?

헤이!
Hey!

나 있어 무언가 말할 게 너에게
I have something to tell you

들어줘
Hear me out

➤ WORK LIKE A DOG [개처럼 일하다]

난 그냥
I just

개처럼 일해
work like a dog!

난 원해 그만두는 걸 왜냐면
I want to quit because

난 싫어
I don't want

일하는 게 개처럼
to work like a dog

➤ SUCK IT UP [받아들이다]

너무 힘들어
It's so hard

받아들이는 게
to suck it up

왜 해야 해
Why do I have

받아들이는 걸
to suck it up?

리얼 패턴

➤ I HAVE A PROBLEM WITH + 명사 [~에 문제가 있습니다]

난 있어 문제가
I have a problem

일하는 것 야근
with working overtime

매일
every day

난 있어 문제가
I have a problem

내 상사와
with my boss

신입사원_회식

위로

Do you listen to your co-workers when they are in trouble?

워밍업

Do you listen to your co-workers when they are in trouble?
동료가 문제가 있을 때, 자주 문제에 대해 들어주시나요?

Are you a good listener or a good adviser?
잘 들어주는 편인가요? 잘 조언을 하는 편인가요?

리얼 표현

➤ OUT OF LINE [도를 넘었어]

네 동의해요
Yeah, I agree
그의 행동은
His action
도를 넘었어요
was just out of line

맞아요 내 생각엔
You are right I think
그의 행동은
his behavior
도를 넘었어요
was out of line

➤ GOTTA DO WHAT YOU GOTTA DO [할 건 해야 해]

이해해, 근데
I understand, but
할 건 해야 해
you gotta do what you gotta do

알아, 네가 어떨지 근데
I know how you feel, but
할 건 해야 해
you gotta do what you gotta do

➤ HANG IN THERE [조금만 견뎌]

견뎌 친구!
Hang in there buddy!

그냥 견뎌
Just hang tight
조금만 더
a little bit longer

리얼 패턴

➤ I DEEPLY UNDERSTAND AND I WILL HELP YOU + 동사 [진지하게 이해했고 ~하게 도와줄게]

난 진지하게 이해했고 도와줄게
I deeply understand and I will help you
해결하는 것을 문제를
solve the problem

난 진지하게 이해했고 도와줄게
I deeply understand and I will help you
찾는 것을 답을
find an answer

신입사원_회식

꼰대 상사

Tell me about your boss

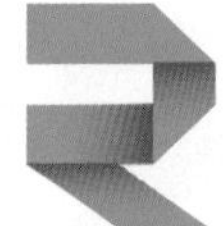

워밍업

Tell me about your boss

본인의 상사에 대해 말해주세요

Why do you like or hate your boss?

왜 상사를 좋아하세요 혹은 싫어하세요?

리얼 표현

➤ CRANKY [짜증을 내는]

그녀는 변해 / 짜증 내는 사람으로
She becomes / so cranky

남편? / 아~니 그녀는 / 그냥 짜증 내는 늙은 여자야
A husband? / No~ she is / just a cranky old lady

➤ ACT LIKE HE'S ALL THAT [너무 건방지다]

난 이해가 안 돼 / 그는 너무 건방져
I don't understand / He acts like he's all that

Mr. Hilley? / 말하지마 걔에 대해서 / 그는 너무 건방져
Mr. Hilley? / Don't talk about him / He acts like he's all that

➤ GET UNDER ONE'S SKIN [거슬리게 한다]

진은 짜증 나 / 그는 정말 / 거슬리게 해
Jean is annoying / He really / gets under my skin

크리스틴은 / 거슬리게 하려고 해
Christine is / trying to get under my skin

리얼 패턴

➤ THERE IS NO WAY I CAN + 동사 [~할 수 없어]

할 수 없어 / 이해하는 것이 내 상사를
There is no way I can / understand my boss

할 수 없어 / 용서하는 것이 그녀를
There is no way I can / forgive her

친구_브로코드

수칙 1-여자

Have you heard about the bro code?

워밍업

Have you heard about the bro code?

'브로코드'란 단어에 대해 들어보신 적이 있나요?

What are the rules in the 'bro code'?

'브로코드'의 규칙은 어떤 것들이 있나요?

리얼 표현

➤ BRO CODE [브로코드]

야
Yo,

그건 브로코드야
that's the bro code

닥쳐!
Shut up!

그건 어기는 거야 브로코드를
That's against the bro code

➤ OFF LIMIT [금지]

사귀는 것 친구의 여동생
Dating a bro's sister is

금지야
off limits

만약 그가 말했다면 금지라고
If he said off limits,

그건 금지야
that's off limits

➤ CHICK [여자-비속어적인 의미]

너 봤다고? 여자들 영화를?
You watched a chick flick?

있었어
There was

여자 싸움이 어젯밤
a chick fight last night

바에서
at a bar

리얼 패턴

➤ IN TERMS OF + 명사 [~에 대해서는]

대해서는 음악에
In terms of music,

브로는 절대 듣지 않는다
bros never listen to

여자 노래를
chick music

대해서는 속옷에
In terms of music,

브로는 절대 입지 않는다
bros never wear

핑크색 속옷을
pink underwear

친구_브로코드

수칙 2-술

Do you go out drink with your friends when you are broke?

워밍업

Do you go out drinking with your friends when you are broke?
당신이 돈이 없을 때 친구들과 술을 마시나요?

Do your friends still call you even they know you are broke?
당신이 돈이 없는 걸 아는데도 친구들은 나오라고 하나요?

리얼 표현

➤ CHILLING [쉬고 있다]

별일 없어
Not too much man

난 그냥 쉬고 있어 집에서
I'm just chillin' at home

그냥 쉬고 있어
Just chilling out

놀고 있어 고양이랑
hanging out with the cat

➤ BRING YOURSELF [맨손으로 와]

A 아냐~
Nah man,

나 완전 거지야
I'm flat broke

B 야 괜찮아
Yo that's fine

그냥 와
just bring yourself

➤ THE MORE THE BETTER [많을수록 좋아 - 다다익선]

아 좀
C'mon man

많을수록 좋잖아
the more the better

많을수록 좋잖아
The more the better

뭔 말인지 알지?
you know what I'm sayin'

리얼 패턴

➤ THANKS, BUT I'M NOT REALLY INTO + 명사 [고맙지만 난 ~에 흥미가 없어]

고마워 근데
Thanks, but

난 흥미가 없어
I'm not really into

호러 영화에
horror movies

고마워 근데
Thanks, but

난 흥미가 없어
I'm not really into

소개팅에
blind dates

친구_브로코드

수칙 3-다툼

How often do you fight with your best friends?

워밍업

How often do you fight with your best friends?
얼마나 자주 베프와 싸우나요?

What are the common reasons you fight with your friends?
베프와 싸우는 가장 공통 이유들이 무엇인가요?

리얼 표현

➤ FULL OF IT [구라]

야 그거 알아?
You know what?

넌 진짜 구라쟁이야
you are so full of it

넌 진짜 개 구라쟁이야
You are full of st**

나 진지해
I'm serious

➤ PAIN IN THE ASS [골칫덩어리]

진?
Jean?

그는 그냥
He is just

골칫덩어리야
pain in the ass

맨
Man,

운영하는 것은 레스토랑을
running a restaurant

골치 아파
is a pain in the ass

➤ SALTY [삐진]

아 좀
Ah, c'mon man

너 아직 삐졌어?
Are you still salty?

맨, 일주일이 지났어
Man, it's been a week

그만 삐져
Stop being salty

리얼 패턴

➤ I'M FED UP WITH + 명사/동명사 [~에 진절머리나다]

난 진절머리나 네가
I'm fed up with you

진
Jean

맨
Man,

난 그냥 진절머리나
I'm just fed up with

대화하는 것이 그와
talking to him

친구_브로코드

수칙 4-위로

When do you need friends the most?

워밍업

When do you need friends the most?

언제 가장 친구들이 필요하나요?

Do you usually give advice to your friends?

종종 친구들에게 조언을 주는 편인가요?

리얼 표현

➤ BEEN THERE DONE THAT [겪어봤어]

헤이 브로
Hey bro…

나도 그런 적이 있지 브로
Been there done that bro

나도 겪어본 일이야
Been there done that

모든 건 괜찮아질 거야
Everything's gonna be fine

➤ BYGONES BE BYGONES [지나간 일은 지나간 대로]

진정해 브로
Relax bro,

잊어버려
Let bygones be bygones

그냥 잊자
Let bygones be bygones

그녈 놔줘
Let her go

➤ A MAN OF ONE'S WORD [약속 지키는 사람]

뭔 말하냐
What are you talkin' about

짜잔!
Here I am!

난 약속 지키는 남자야 브로
I'm a man of my word bro

약속 지킨다니까 브로
I'm a man of my word bro

리얼 패턴

➤ WHENEVER YOU NEED ME, I CAN + 동사 [네가 필요할 땐 언제든 난 ~할 수 있어]

언제든 네가 필요하면 내가
Whenever you need me,

언제든 네가 필요하면 내가
Whenever you need me,

난 대화할 수 있어 너와 브로
I can talk to you bro

난 대화할 수 있어 너와 브로
I can drink with you bro

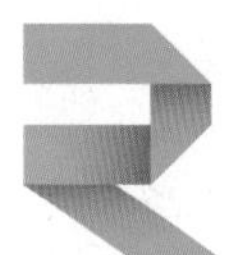

친구_걸코드

걸스나잇

How often do you have a girl's night?

워밍업

How often do you have a girl's night?

얼마나 자주 '걸스나잇'을 가지시나요?

Are there any fun ideas for girl's night?

'걸스나잇'을 할 때, 재미있는 아이디어가 있나요?

리얼 표현

➤ CHITCHAT [수다 떨다]

갖자! 걸스나잇을
Let's have a girl's night!

갖자! 수다 떠는 것을 그리고 와인을
Let's have some chitchat and some wine

알겠어
Alright!

하자 수다 그만 떠는 것을
Let's cut the chitchat

➤ TICK SOMEONE OFF [빡치다]

기억 안 나?
Don't you remember?

난 정말 빡쳤었어
I was so ticked off

난 기분 안 좋아
I'm not in a good mood

그러니까 하지 마 열 받게 하는 걸
so don't tick me off

➤ HAVE A HUNCH [촉/감이 오다]

흠, 감이 온다
Hmm, I have a hunch

너 화났지?
you are mad

그래, 난 감이 왔어
Yeah, I had a hunch

I'm getting a hunch도 사용 가능

그녀에 대해 그녀는 안 와
about her She's not coming

리얼 패턴

➤ IT'S ABOUT TIME WE + 동사 [~할 시간이야]

아우 야아
C'mon!

할 시간이야 만날
It's about time we catch up

아우 야아
C'mon!

할 시간이야 만날
It's about time we meet up

친구_걸코드

수다

What do girls usually talk about on a girl's night out?

워밍업

What do girls usually talk about on a girl's night out?
여자들은 걸스나잇에 어떠한 이야기들을 하나요?

Do you usually talk about guys?
남자들에 대해서 얘기하나요?

리얼 표현

➤ BOOTYCALL [꼬시는 전화]

진이 전화했어 나한테 어젯밤에 Jean called me last night	그건 Was that	부디콜이야? 아님 아니야? a booty call or not?
어 완전히 Yeah, totally!	걔는 오직 보고 있어 널 He only sees you	부디콜로 as a booty call

➤ HOT SHIT [인기 많은 사람 – 비꼬는 말투]

젠장! God damn!	그는 생각해 He thinks	자기가 잘나간다고 he is hot shit
저기 있잖아 Excuse me?	넌 생각해? You think	네가 잘나간다고 you are hot shit?

➤ ATTENTION WHORE [관심종자 – 관종]

어윽 Ugh,	잭은 Jack is	완전 관종이야 such an attention whore
봐봐 저 여자 Look at her!		저 여자는 관종이라고 She is an attention whore

리얼 패턴

➤ DON'T EVEN THINK ABOUT + 명사/동명사 [~는 생각도 하지 마]

생각조차도 하지 마 Don't even think about	전화하는 것 Jean에게 calling Jean
생각조차도 하지 마 Don't even think about	그들을 them

친구_걸코드

그날

Do you go out when you are on your period?

워밍업

Do you go out when you are on your period?

여러분은 그날에 놀러 나가나요?

Do you tell your boyfriend you are on your period?

그날인 것을 남자친구에게 알려주나요?

리얼 표현

➤ ON PERIOD [그날이다]

난 그날이야
I'm on my period

내 생각엔
I think

그녀는 그날이야
she's on her period

조심해라
Be careful!

➤ CRAMPS [생리통]

난 있어
I have

엄청 아픈 생리통이
such bad cramps

나 그냥 있을래 집에
I'll just stay home

내 생리통이 너무 심해
My cramps are so bad

내가 전화할게 나중에
I'll call you later

➤ BITCHMODE [비치모드]

난 있었어 비치모드 상태로
I've been in bitchmode

3일 동안
for three days

난 기분이 좋지 않아
I'm not in a good mood

비치모드 활성화했다
Bitchmode activated

리얼 패턴

➤ I NEVER THOUGHT THAT + 주어 + 동사 [난 ~하리라곤 전혀 생각 못 했어]

난 전혀 생각 안 했어
I never thought that

네가 그날이라는 것을
you were on your period

난 전혀 생각 안 했어
I never thought that

그녀가 올 것을
she was coming

친구_걸코드

그들의 표현방식

To guys, do you understand girl talk?

워밍업

To guys; do you understand girl talk?

남자들에게 물어볼게요. 여자친구가 친구와 대화 할 때 뭐라고 하는지 잘 알아듣나요?

To girls; how long do you spend time talking when you meet your friends at coffee shops?

여자들에게 물어볼게요. 친구들을 커피숍에서 만나면 얼마나 시간을 보내나요?

리얼 표현

➤WHATEVER(YOLO 여행 – 변태 처치) - [아무거나]

A 얘들아
Hey guys!
뭐 먹고 싶어?
What do you wanna eat?

B 난 괜찮아 아무거나
I'm good for whatever
그냥 주문해 아무거나
Just order whatever

➤DOIN' TOO MUCH [좀 심하다]

A 나 남친 생겼어
I got a boyfriend
나 새 가방 샀어
I got a new bag
나 어제 엑스 만났어
I met my ex last night

B 뻥치지마
Shut up!
진짜?
Shut up!
웬일이야
Shut up!

➤SO YOU [딱 너다]

A 나 오늘 어때?
How do I look today?
나 어제 엑스한테 전화했어
I called my ex last night
나 클럽 가고 싶어
I wanna hit the club

B 딱 너다
Oh that's so you

리얼 패턴

➤WELL, THE FIRST THING WE GOTTA DO IS + 동사 [우리가 가장 먼저 해야 할 일은 ~]

자 가장 먼저 우리가 해야 할 일은
Well the first thing we gotta do is
주문하는 거야 뭔가
order something

자 가장 먼저 우리가 해야 할 일은
Well the first thing we gotta do is
나가는 거야 여기서
get out of here

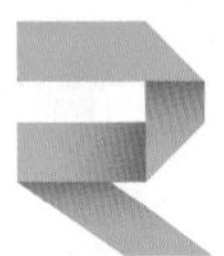

친구_십년지기

말투

How long have you known your best friend?

워밍업

How long have you known your best friend?
베프를 안지 얼마나 되었나요?

Do you sound like your friends when talking?
말할 때 친구와 비슷한 말투로 애기하나요?

리얼 표현

➤ YOU FEEL ME? [내 맘 알지?]

우리 갖는다 파티를 오늘 밤
We are having a party tonight
알지?
You feel me?

있잖아,
You know,
난 항상 먹잖아 치즈버거를
I always have a cheese burger
알지?
Ya feel me?

➤ DOIN' TOO MUCH [좀 심하다]

봤어? 저 여자 드레스
Did you see her dress?
좀 심하네
She's doin' too much

음 제시카
Um, Jess
확인했어? 너 화장
Did you check your makeup?
너 좀 심하네
You are doin' too much

➤ NAILED IT [해내다]

A 어땠어? 너의 시험 어제
How was your test yesterday?
B 나는 해냈어 A 받았어
I nailed it I got A

A 야 어때? 내 새로운 헤어스타일
Hey! How's my new hairstyle?
B 그래 예쁘네(비꼬는)
Yeah, you nailed it

리얼 패턴

➤ I'M FINE WITH + 명사/동명사 [난 ~로 만족해]

난 만족해
I'm fine with
나이 먹는 것에
aging

난 만족해
I'm fine with
내가 가진 삶에
the life I have

친구_십년지기

맞장구

Do you really pay attention when talking to best friends?

워밍업

Do you really pay attention when talking to your best friends?
절친들과 대화할 때 진짜 집중해서 들으시나요?

What kind of conversation do you usually have with your friends?
친구들과 주로 어떤 종류의 대화를 하시나요?

리얼 표현

➤ LEGIT [쩐다]

오마이갓
OMG!
진짜 대박
That's legit
내가 장담하는데
I swear
진짜 쩔어
this is legit

➤ YOU BUY THAT? [믿어?]

진이 말했어
Jean said
그가 로또 당첨됐다고
he won the lottery
믿어?
You buy that?
뭐? 그녀가 그의 엑스?
What? She is his ex?
아니, 난 안 믿어
Nah! I don't buy that

➤ I GET THAT A LOT [그런 말 많이 들어]

A 음 너 화장이 좀
Um, your makeup is um,
너 좀 심한데?
you are doin' too much
B 응 알아
Yeah,
그런 말 많이 들어
I get that a lot

리얼 패턴

➤ CAN YOU BELIEVE THAT + 주어 + 동사 [~를 믿을 수 있어?]

믿을 수 있어?
Can you believe that
진이 그만둔 것 직업을
Jean quit his job?
믿을 수 있어?
Can you believe that
수잔이 한국에 있는 걸 지금
Susan is in Korea now?

친구_십년지기

뒤끝

How long does it take to make up after a fight with your friend?

워밍업

How long does it take to make up after a fight with your friend?
친구와 싸우고 화해까지 얼마나 걸리나요?

Do you say sorry first or your friend?
당신이 먼저 사과를 하나요 아님 친구가 하나요?

리얼 표현

➤ HOLD A GRUDGE [뒤끝을 갖다]

야,
Hey man,
내가 말했잖아 미안하다고
I told you I'm sorry
왜 넌 뒤끝 부리는데?
Why are you holding a grudge?
지나야
Hey, Gina!
그가 말했잖아 미안하다고
He said sorry
그치?
Right?
뒤끝 부리지마
Don't hold a grudge

➤ DON'T BE HATIN' [미워하지 마]

알아 네가 질투 나는 걸
I know you are jealous,
그런데 미워하지마
but don't be hatin'
진, 이건 너무 심해
Jean, this is too much
미워하지마
Don't be a hater

➤ CRINGEY AS HELL [오글거려]

뭐?
What?
말하라고 미안하다고 제이드한테?
Saying sorry to Jade?
오글거려
That's cringey as hell
난 말했어 그녀에게 미안하다고 그리고 사랑한다고
I told her I'm sorry and I love her
오마이갓
OMG!
진짜 오글거리는 순간이었어
That was such a cringey moment

리얼 패턴

➤ ARE YOU FREE TO + 동사 [너 ~하기 시간 돼?]

너 시간 돼?
Are you free to
대화하는 것 나와 지금
talk to me now?
너 시간 돼?
Are you free to
만나는 것 내일
meet up tomorrow?

친구_십년지기

조언자

Do you give an advice when your friends fight?

워밍업

Do you give advice when your friends fight?

친구들이 싸우면 조언을 주나요?

What is the best advice you've given to your friends for making up after a fight?

싸운 후에 화해를 위해서 친구에게 줬었던 조언 중 가장 최고는 무엇인가요?

리얼 표현

➤ NOT MINCE WORDS [까놓고 말해서]

오케이 진
Alright, Jean

까놓고 말해서
Let's not mince words

너도 무언가 잘못했어 맨
You did something wrong too, man

그냥 말해 그에게 뭘 네가 생각하는지
Just tell him what you think

그리고 솔직히 말해
and don't mince your words!

➤ PUT YOURSELF IN ONE'S SHOES [입장 바꿔 생각하다]

넌 안돼? 이해하는 게 그녀를
You don't understand her?

그냥
Just

입장 바꿔 생각해봐 먼저
put yourself in her shoes first

난 완전 이해해 근데
I totally understand, but

넌 해야 해
you should

입장 바꿔 생각하는 것을
put yourself in his shoes

➤ DON'T TAKE IT SERIOUSLY [심각하게 생각하지마]

친구야
Hey, buddy

심각하게 생각하지마
Don't take it seriously

난 알아 네가 보내는 것을 힘든 시간
I know you are having a hard time,

근데 인생을 너무 생각하지마 심각하게
but don't take your life too seriously

리얼 패턴

➤ SOMETIMES IT IS REALLY HELPFUL TO + 동사 [~하는 것이 가끔은 굉장히 도움 돼]

가끔 굉장히 도움 돼
Sometimes it is really helpful to

대화하는 것이 친구들과 너의 문제에 대해서
talk to friends about your problems

가끔 굉장히 도움 돼
Sometimes it is really helpful to

기억하는 것이 과거를
recall the past

자기계발_성형

눈&코

Have you ever had plastic surgery?

워밍업

Have you ever had plastic surgery?

성형한 적이 있나요?

If you have a chance to have plastic surgery, which part of your body would you like to change and why?

만약 성형수술의 기회가 있다면 몸의 어떤 부분을 하고 싶나요 그리고 이유는 무엇인가요?

리얼 표현

➤ PUFFY EYES [부은 눈]

난 항상 있어 / 부은 눈이 / 아침에
I always have / puffy eyes / in the morning

너 먹어 그거 지금? / 넌 가질 걸 / 부은 눈을 내일
You eating that now? / You're gonna have / puffy eyes tomorrow

➤ CROOKED [삐뚤어지다]

봐봐 내 코를! / 너~~무 삐뚤어졌어
Look at my nose! / It's so~~~ crooked

난 싫어 내 코가 / 내 코는 구부러졌어
I hate my nose / My nose is crooked

➤ EYES/NOSE DONE [눈/코 수술을 하다]

난 하고 싶어 / 눈 수술을
I wanna get / my eyes done

그녀는 완전 달라 보여 / 그녀는 코했어
She looks so different / She got her nose done

리얼 패턴

➤ I'M JEALOUS OF PEOPLE WITH + 명사 [난 ~사람들이 부러워]

난 부러워 사람들이 / 예쁘고 큰 눈을 가진
I'm jealous of people with / big beautiful eyes

난 부러워 사람들이 / 예쁜 바디라인을 가진
I'm jealous of people with / a nice body (shape)

자기계발_성형

안면 윤곽

Have you ever heard the word 'face contouring'?

워밍업

Have you ever heard the word 'face contouring'?
'face contouring'이라는 단어를 들어본 적이 있나요?

Do you really care about the size and the shape of your face?
본인의 얼굴 모양과 사이즈에 대해 신경을 많이 쓰시나요?

리얼 표현

SQUARE JAW [사각 턱]

A 난 가지고 있어 / 사각 턱을
I have such a square jaw

B 만약 네가 있다면 / 사각 턱이 / 그러면 내 얼굴은 TV야
If you have a square jaw, then my face is a TV

HORSE FACE [말상 얼굴]

A 야 / 왜 이렇게 울상이야
Hey man! Why the long face?

B 내 여친이 싫어해 날 / 그녀는 안 좋아해 / 내 말상 얼굴을
My girlfriend hates me She doesn't like my horse face

A 난 좋아해 / 너의 말상 얼굴을 / 널 만들어 강해 보이게
I like your horse face It makes you look strong

GREAT BONE STRUCTURE [완벽한 얼굴상]

엄청 많은 연예인들이 / 완벽한 얼굴상을 가지고 있어
So many celebrities have great bone structure

만약 내가 있다면 완벽한 얼굴상을 / 난 모델 할걸
If I had great bone structure, I would be a model

리얼 패턴

I'M AFRAID OF + 명사/동명사 [~가 무서워]

난 무서워 / 성형수술 받는 것이
I'm afraid of having plastic surgery

난 무서워 / 결과가
I'm afraid of the result

자기계발_성형

바디라인

Do you think you are overweight?

워밍업

Do you think you are overweight?

당신은 비만이라고 생각하나요?

What do you think is the best way to lose weight?

살을 빼기 가장 좋은 방법이 무엇이라고 생각하나요?

리얼 표현

➤ MUFFIN TOP [똥배/옆구리 살]

이 바지들은 나에게 준다 / 똥배를
These pants are giving me / a muffin top

난 못 입어 그 셔츠 / 까지 없앨 때 / 이 옆구리 살을
I can't wear that shirt / until I get rid of / this muffin top

➤ THUNDER THIGHS [두꺼운 허벅지]

난 싫어 / 이 바보 같은 두꺼운 허벅지가
I hate / these stupid thunder thighs

난 못 입어 반바지를 / 이 두꺼운 허벅지로는
I can't wear shorts / with these thunder thighs

➤ GET IN SHAPE [몸매를 가꾸다/몸짱이 되다]

난 생각해 / 난 필요하다고 몸매 가꾸는 것이
I think / I need to get in shape

여름이 오고 있어 / 우리는 필요해 몸매 가꾸는 것이
Summer is coming / We need to get in shape

리얼 패턴

➤ I HAVE REASONS TO + 동사 [~할 이유가 있다]

난 이유가 있어 / 살을 뺄
I have reasons to / lose weight

난 이유가 있어 / 의사를 볼
I have reasons to / go see a doctor

자기계발_성형

기타성형

Do you have a lot of moles on your face?

리얼영어-선택

리얼영어-월별

워밍업

Do you have a lot of moles on your face?
얼굴이 점들이 많이 있나요?

Do you want to remove those moles on your face?
그런 점들을 빼고 싶나요?

리얼 표현

➤ LASER OFF [빼다]

난 진짜 필요해 I really need to	빼는 것을 이 점을 laser off this mole
난 그냥 원해 I just want to	빼는 것을 여드름을 laser off a pimple

➤ FAT(FAT SHOT/FAT INJECTION) [지방 이식]

난 가지고 있어 평면 얼굴을 I have such a flat face	난 받아야 해 I should get	지방 이식을 a fat shot	내 얼굴에 in my face
난 필요해 조금의 지방 넣는 것을 I need to get some fat put	얼굴에 in my face		

➤ CAN TELL [알 수 있어]

A 너 안 했어 샤워 오늘,
You didn't take a shower today,
맞아?
right?

B 응, 어떻게 알았어?
Yeah, how did you know?

A 난 알 수 있어
I can tell

리얼 패턴

➤ HE/SHE GOT WORK DOEN ON + 명사 [쟤는 ~에 수술받았네]

그는 수술받았네 He got work done on	코에 his nose
그녀는 수술받았네 She got work done on	눈에 her eyes

자기계발_영어 스터디

조원들 스캔

Have you ever joined a study group before?

워밍업

Have you ever joined a study group before?

스터디 그룹에 참여해본 적이 있나요?

Who did you like and dislike in that group and why?

그룹에서 좋아한 사람은 누구며 싫어한 사람은 누구인가요? 그리고 이유는 무엇인가요?

리얼 표현

➤ BOSSY [보스 행세]

그는 너무 보스 행세해
He's too bossy

혼잣말로
혼잣말로

(맙소사! 그만해라 보스 행세 좀)
(Jesus! Stop being bossy)

➤ STUBBORN [고집이 세다]

난 추측해 그들은 둘 다
I guess they are both

너무 고집이 세
too stubborn

그는 좋은 남자야
He's a nice guy

그는 그냥 고집이 센 거야
He's just being stubborn

➤ BULLY [남을 괴롭히는 사람]

난 보여
I can see

그가 bully인 게
he is a bully

난 얘기 안 해 그와
I'm not talking to him

하지 마 bully 되는 것을
You are such a bully

너의 영어도
Your English

좋지 않아 마찬가지로
isn't that good either

리얼 패턴

➤ YOU HAD BETTER NOT + 동사 [넌 ~를 하지 않는 편이 나을 거야]

넌 하지 않는 게 나을 거야
You'd better not

말하는 걸 그와
talk to him

넌 하지 않는 게 나을 거야
You'd better not

시작하는 것을 대화를 여기서
start the conversation here

자기계발_영어 스터디

대화 끼어들기

How do you break into a conversation?

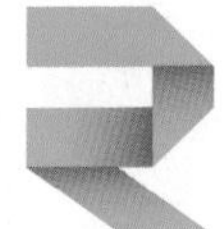

워밍업

How do you break into a conversation?

대화 중 어떠한 방식으로 끼어드나요?

Are you a good listener or a good talker?

당신은 들어주는 것을 잘하나요 아니면 말하는 것을 잘하나요?

리얼 표현

➤ FOR SURE! [확실해]

A 오늘의 토픽은 밤 문화야 한국에서의
Today's topic is about the night life in Korea

B 괜찮네 / 난 가지고 있어 많이 말할
That's a good one / I have a lot to talk about

C 난 말할 수 있어 가장 유명한 클럽 서울에서
I can tell you the most famous club in Seoul

D 진짜?
Oh Really?

E 재미있겠다
Sounds like fun

YOU 확실해! / 내가 시작할게
For sure! / Let's get this started!

➤ BELIEVE IT OR NOT [믿거나 말거나]

A 너희들 가봤니 외국에?
Have you guys ever been overseas?

B 응, 호주
Yeah, Australia

C 난 LA
I went to LA

YOU 믿거나 말거나 / 난 가 봤어 / 20개국이 넘는 나라를
Believe it or not, / I've been to / more than 20 different countries

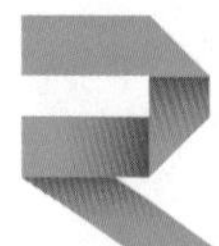

자기계발_영어 스터디

대화 끼어들기

How do you break into a conversation?

➤IT ALL DEPENDS [그때그때 다르지]

A 너희 울어? 슬픈 영화 볼 때
Do you cry when watching sad movies?

B 난 항상 울어
I always cry

C 난 안 봐 슬픈 영화
I don't watch sad movies

YOU 그때그때 다르지
It all depends

리얼 패턴

➤I DON'T MEAN TO BUTT IN, BUT + 주어 + 동사 [끼어들려는 건 아닌데 ~]

끼어들려는 것은 아닌데 / 난 생각해 / 플랜 B가 낫다고
I don't mean to butt in, but / I think / plan B is better

끼어들려는 것은 아닌데 / 넌 그만해야 해 말하는 것을
I don't mean to butt in, but / you should stop talking

memo

자기계발_영어 스터디

의견충돌

Do you usually have an argument with someone when talking in group?

워밍업

Do you usually have an argument with someone when talking in a group?
당신은 종종 그룹에서 대화할 때 충돌이 있나요?

What do you think is the best way to avoid an argument?
논쟁을 피하기 위한 가장 좋은 방법이 무엇이라고 생각하나요?

리얼 표현

➤ DON'T GET ME WRONG! [오해하지마]

A 뭐?
What?
그래서 넌 하기 싫다고? 나랑 말하는 것을
So, you don't want to talk to me?

B 아니! 오해하지마!
No! Don't get me wrong!
넌 잘못한 거 없어
You didn't do anything wrong

➤ GOT CARRIED AWAY [도가 지나쳤어]

미안해
I'm sorry
내가 도가 지나쳤어
I got carried away

내 스터디 그룹 오늘?
My study group today?
최악이야
Miserable
진이 도가 지나쳤어
Jean got carried away

➤ ASKED FOR IT [자초한 일이야]

무슨 말이야
What are you talking about?
네가 자초한 일이야
You asked for it

난 생각해
I think
그가 자초한 일이라고
he asked for it

리얼 패턴

➤ I WAS IN THE MIDDLE OF + 동명사/명사 [~하고 있는 중이었다]

난 하고 있는 중이었어
I was in the middle of
대화를 Chris와
talking to Chris

난 하고 있는 중이었어
I was in the middle of
무언가
something
네가 전화하려고 했을 때
(when you tried to call me)

자기계발_영어 스터디

뒤풀이

Do you usually hang out with your study group members after a meeting?

워밍업

Do you usually hang out with your study group members after a meeting?
종종 미팅이 끝난 후 멤버들과 어울리시나요?

What do you usually do with them?
그들과 어떤 것들을 하시나요?

리얼 표현

➤ SESH [한판]

애들아!
Hey guys!
너희들 소주 sesh 할래? 오늘 밤
You wanna have a Soju sesh tonight?

난 생각해 우리는 필요하다고
I think we need
알코올 sesh가 오늘 밤
an alcohol sesh tonight

➤ COUNT ME IN/OUT [끼워줘]

당근이지
Hell yeah!
나 끼워줘
Count me in

미안,
Nah, I can't
난 빼줘
Count me out

➤ HEADS UP [알려줄게]

A 당연하지
Of course,
근데, 나 필요해 집에 가는 게 먼저
but I need to go home first

B 걱정 마
Don't worry
알려줄게
Will give you a heads up

리얼 패턴

➤ I'M NOT REALLY GOOD AT + 동명사/명사 [난 사실~을 잘 못 해]

난 사실 잘 못 해
I'm not really good at
술 마시는 걸
drinking

난 사실 잘 못 해
I'm not really good at
말하는 걸
talking

자기계발_몸짱 프로젝트

동기부여

How much do you weigh?

리얼영어-선택

리얼영어-월별

워밍업

How much do you weigh?

몸무게가 어떻게 되나요?

Have you ever been on a diet?

다이어트를 해본 적이 있나요?

리얼 표현

➤OUT OF SHAPE [몸꽝]

그만해 먹는 거 진!
Stop eating Jean!

넌 정말
You are really

몸꽝이다
out of shape

난 필요해 살 빼는 게
I need to lose weight

난 진짜
I'm so

몸꽝이야
out of shape

➤WORK OUT [운동하다]

난 샀어 새로운 비키니 그리고
I bought a new bikini and

난 생각해
I think

난 필요해 운동하는 것이
I need to work out

난 갈 거야 헬스장에 오늘 밤
I'm going to the gym tonight

운동하러
to work out

난 먹었어 너무 많은 아이스크림을
I ate too much ice cream

➤HIT (THE GYM) [가다]

난 할 거야
I'm going to

헬스장 가는 것을
hit the gym

얘들아!
Guys!

나 출발해야 해
I gotta hit the road

피쓰~
peace!

나중에 봐
later!

리얼 패턴

➤I HATE + 동명사/명사 [난 ~게 싫어]

난 싫어 운동하는 것이
I hate working out

헬스장에서
at the gym

난 싫어 뛰는 것이
I hate running

러닝머신에서
on a treadmill

자기계발_몸짱 프로젝트

운동 시작

How many days do you hit the gym a week?

워밍업

How many days do you hit the gym a week?
한 주에 몇 번이나 헬스장에 가나요?

Do you know how to use all the machines and equipment in the gym?
당신은 모든 기구들을 사용할 줄 아시나요?

리얼 표현

➤ SPOT [도와주다]

실례합니다
Excuse me

좀 도와주실래요?
Can you spot me?

안녕 음
Hi, um,

난 필요해 도와줄 사람이
I need a spotter

도와줄래?
Can you spot me?

➤ JACKED [엄청난 근육]

너 운동했어?
You've been working out?

너 터질 거 같아 보여
You look jacked

오마이갓! 봐봐 저 남자
OMG! Look at him!

저 남자 근육 장난 아니야
That guy is jacked

➤ IT'S ALL YOU [할 수 있어]

A 셋, 넷, 좀 더, 진, 좀 더, 다섯
Three, Four, C'mon! Jean! C'mon! Five!

B ....
....

A 여섯! 할 수 있어, bro 할 수 있어
Six! It's all you, bro It's all you

리얼 패턴

➤ I MAY NOT ABLE TO + 동사 [난 ~하는 것을 이제 못할지도 몰라]

난 못할지도 몰라
I may not able to

먹는 것을 치킨과 피자
eat chicken and pizza

난 못할지도 몰라
I may not able to

늦게까지 있는 것을 밤에
stay up late at night

자기계발_몸짱 프로젝트

헬스장 사람

Do you work out alone?

워밍업

Do you work out alone?

혼자 운동하시나요?

What types of people do you see in the gym?

헬스장에서 어떠한 종류의 사람들을 보시나요?

리얼 표현

➤ WORKOUT BUDDY [헬스장 친구]

난 가져야 하나? **Should I have**	헬스장 친구를 **a workout buddy?**
얘는 캐서린이야 **This is Katherine**	그녀는 내 헬스장 친구야 **She's my workout buddy**

➤ CARDIO BUNNY [러닝머신만 하는 사람]

그녀는 cardio bunny야 **She is a cardio bunny**	그녀는 러닝머신에서 뛰었어 **She was on the treadmill for**	3시간 동안 **3 hours**
이봐 **Hey!**	되지마 cardio bunny가 **Don't be a cardio bunny!**	다른 것 좀 해 **Do something else!**

➤ THE GRUNTER [근육이 어마어마한 사람]

(혼잣말) 알겠다고! 너 잘한다고 **(혼잣말) We get it! You lift**	저 Grunter는 만들어 **That grunter**	너무 시끄러운 소리를 **is making so much noise**
야 봐봐 **Hey look!**	Grunter 왔어 **The grunter came**	난 필요해 내 이어폰이 **I need my earphones**

리얼 패턴

➤ IT'S NOT EASY FOR ME TO + 동사 [나에겐 ~하는 것이 쉽지 않아]

나에겐 쉽지 않아 **It's not easy for me to**	머무는 게 헬스장에 **stay at the gym more than**	30분 넘게 **30 minutes**
나에겐 쉽지 않아 **It's not easy for me to**	오는 게 헬스장에 매일 매일 **hit the gym every day**	

자기계발_몸짱 프로젝트

목표달성

How long does it normally take to see the results?

워밍업

How long does it normally take to see the results?
보통 효과가 보이는 데까지 얼마 정도 소요되나요?

Why do you think people do not get results in the gym?
왜 사람들은 헬스장에서 효과를 보지 못할까요?

리얼 표현

➤ GYM RAT [헬스장 죽돌이]

내 친구는 헬스장 죽돌이야 My friend is a gym rat	그는 그냥 사랑해 He just loves	운동하는 걸 to work out
난 들었어 I heard that	진이 된 걸 Jean became	헬스장 죽돌이가 a gym rat

➤ THAT'S THE OLD ME [그건 예전의 나야]

예아, Yeah,	난 통통했어 근데 I was chubby,	그건 예전의 나야 but that's the old me
난 몇 가지 잘못을 했어 그런데 I did some things, but	그건 예전의 나야 that's the old me	

➤ WORTH IT [가치가 있어]

헬스장 가는 거? Going to a gym?	예야, Yeah,	가치 있는 일이야 It's worth it
그건 잘못된 일이었어 It was wrong,	그런데 but	가치 있었어 it was worth it

리얼 패턴

➤ I'M SO GLAD THAT I FINALLY + 과거동사 [난 마침내 ~하게 되어서 너무 기뻐]

난 너무 기뻐 내가 마침내 I'm so glad that I finally	살을 빼서 lost weight
난 너무 기뻐 내가 마침내 I'm so glad that I finally	통과해서 면접을 passed the interview

패션
What do you think about Korean fashion?

워밍업

What do you think about Korean fashion?

한국 패션에 대해 어떻게 생각하세요?

Do you follow the latest fashion trends?

최신 패션 트렌드를 따르는 편인가요?

리얼 표현

➤ CATCH ON [유행하다]

한국에서는 / In Korea,
모든 트렌드는 유행해 / all of the trends catch on
어느 곳이든 / everywhere

스키니진은 / Skinny jeans are
진짜 유행해 / really catching on
요즘에 / these days

➤ CASUAL [캐주얼 차림]

난 그냥 입어 / I just wear
무언가 캐주얼 한 것 / something casual

하이힐? / High heels?
미쳤어? / Hell no
난 좋아해 신는 것을 / I like to wear
캐주얼 신발 / casual shoes

➤ RATCHET [옷, 메이크업 등 너무 이상한 여자]

그녀는 생각해? 지가 예쁘다고 / She thinks she's pretty?
그녀는 완전 ratchet이야 / She is so ratchet

봐봐 그녀의 탱크톱, 치마 / Look at her tank top, skirt
그리고 하이힐 / and high heels
그녀는 ratchet이야 / She is a ratchet

리얼 패턴

➤ YOU HAVE GOOD TASTE IN + 명사 [넌 ~에 좋은 감각(센스)이 있어]

넌 좋은 감각이 있어 / You have good taste in
패션에 / fashion

넌 좋은 감각이 있어 / You have good taste in
음악에 / music

외국인의 한국_트렌드

케이팝
Do you like K-pop?

워밍업

Do you like K-pop?

케이팝을 좋아하시나요?

What are the differences between K-pop and American pop?

케이팝과 미국노래의 차이점이 무엇인가요?

리얼 표현

➤ EYE CANDY [눈요기]

오마갓!
OMG!
봐봐 저 남자
Look at him!
그는 완전 눈요기야
He is total eye candy
맨!
Man!
그 여자 뮤직비디오에 있는
the girl on that music video is
내 눈요기야
my eye candy

➤ WORSHIP [찬양하다]

Jade는 좋아해 케이팝을
Jade loves K-pop
그녀는 찬양해
She worships
케이팝 스타를
K-pop stars
난 이해 안 돼 왜
I don't understand why
사람들이 찬양하는지 연예인을
people worship celebrities

➤ SLAY [쩐다]

있잖아,
Girl,
그녀는 죽여줬어 콘서트에서
she slayed at the concert
그거 알아?
You know what?
난 죽여줬어 그 면접
I slayed that interview

리얼 패턴

➤ I'M NOT A BIG FAN OF + 명사 [난 ~을 그다지 좋아하지 않아]

난 그다지 좋아하지 않아
I'm not a big fan of
케이팝 스타를
K-pop stars
난 그다지 좋아하지 않아
I'm not a big fan of
호러 영화를
horror movies

외국인의 한국_트렌드

드라마

Do you like Korean dramas?

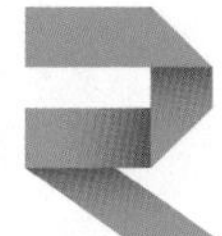

워밍업

Do you like Korean dramas?
한국 드라마를 좋아하시나요?

What are the differences between Korean dramas and American dramas?
한국 드라마와 미국 드라마의 차이점은 무엇인가요?

리얼 표현

➤ SOAP OPERA [연속극]

야! 이미 10시야
Hey! It's already 10 pm

시간이야 내가 좋아하는 연속극 볼
Time for my favorite soap opera

나 싫어해 내 남편을
I hate my husband

그는 봐 연속극을
He watches soap operas

매일
every day

➤ ADDICT [중독]

그만해
Stop it!

넌 될 거야 중독이
You'll become an addict

응 알아
Yeah, I know

난 드라마 중독이야
I'm a drama addict

➤ COUCH POTATO [소파에 누워서 TV만 보는 사람]

그만 봐 TV 좀
Stop watching TV

넌 정말 couch potato야
You are such a couch potato

넌 볼 거야 우리 엄마를
You will see my mom

couch potato하고 있는
being a couch potato

리얼 패턴

➤ SOME PEOPLE ARE ADDICTED TO + 명사/동명사 [몇몇 사람들은 ~에 중독되어 있다]

몇몇 사람들은 중독되어 있어
Some people are addicted to

담배에
smoking

몇몇 사람들은 중독되어 있어
Some people are addicted to

보는 것에 드라마를
watching dramas

외국인의 한국_트렌드

셀카

Do you take a picture a lot?

워밍업

Do you take a picture a lot?
사진을 많이 찍는 편인가요?

What do you think about people taking selfie in public places?
공공장소에서 셀카를 찍는 사람들을 어떻게 생각하나요?

리얼 표현

➤ KNOCK IT OFF [그만 좀 해]

A Sophia? 난 먹고 싶어
Sophia? I want to eat
음 있잖아 충분해
Um, I guess that's enough

B 좀 그만해
Just knock it off!
좀 그만해
so, knock it off

➤ REAL QUICK [빨리할게]

OKOK
OKOK
줘 10분만
Gimme 10 min

사진 찍을게 진짜 빨리
I'll take a picture real quick
샤워할게 진짜 빨리
I'll take a shower real quick

➤ OFF GUARD [무방비 상태]

난 무방비 상태로 당했어
You caught me off guard!
난 몰랐어 뭘 말할지
I didn't know what to say

지워 그 사진
Delete that picture
난 무방비 상태로 당했어
I was caught off guard

리얼 패턴

➤ I KINDLY ASK YOU TO + 동사 [난 정중하게 너에게 ~를 부탁해]

난 정중해 부탁해 너에게
I kindly ask you to
난 정중해 부탁해 너에게
I kindly ask you to

그만하라고
stop it
떠나라고 지금
leave now

외국인의 한국_일상생활

음식

Do you think foreigners like Korean food?

워밍업

Do you think foreigners like Korean food?

외국인이 한국 음식을 좋아한다고 생각하시나요?

What do you think is the best Korean food that represents Korea?

한국 음식을 대표할 만한 음식 중 가장 최고의 음식은 무엇인가요?

리얼 표현

➤ SIDE DISH [반찬]

내 생각은
I think

있어 더 많이 5개 반찬보다
there are more than 5 side dishes

어느 한국 식당에서도
in any Korean restaurant

좋은 점? 한국 음식에 대해서
The good thing about Korean food?

장난해?
Are you kidding me?

반찬!
Side dishes!

➤ WATER MY MOUTH [군침 돈다]

오마이갓
OMG!

군침 돌아
My mouth is watering

난 좋아해 모든 종류 음식을
I love all kinds of food

이제, 군침 돈다
Now, my mouth is watering

➤ STUFFED MY FACE [쳐묵쳐묵 하다]

난 생각해 난 미쳤다고
I think I'm crazy

난 쳐묵쳐묵 했어
I stuffed my face

하루 종일
all day

전화해도 돼? 나중에
Can I call you later?

난 쳐묵쳐묵 중이야
I'm stuffing my face

지금
right now

리얼 패턴

➤ ONE THING THAT I LIKE ABOUT KOREA IS + 명사 [한국에 대해 가장 좋아하는 것은 ~야]

한국에 대해 가장 좋아하는 것은
One thing that I like about Korea is

음식이야
the food

한국에 대해 가장 좋아하는 것은
One thing that I like about Korea is

편리한 교통 시스템이야
the convenient transportation system

외국인의 한국_일상생활

야식

Do you usually eat at night?

워밍업

Do you usually eat at night?

밤에 자주 먹는 편인가요?

Do you make something or do you order something?

집에서 만들어 먹나요 아니면 시켜 먹나요?

리얼 표현

➤24/7 [24시간 7일]

난 원해요 주문하는 것 피자를	근데,	24시간인가요?
I want to order a pizza	Btw,	Are you guys 24/7?
몇 시까지 열어요?	24시간인가요?	
What time are you open till?	Are you twenty-four hours?	

➤NIGHT CAP [자기 전 맥주 한잔]

난 생각해	난 마실래	맥주 한잔을	
I think	I'll have	a night cap	
아냐 난 괜찮아	난 필요 없어	맥주 한잔이	자기 위해서
Nah, I'm fine	I don't need	a night cap	to get to sleep

➤UP FOR IT [제안할 때 – 할래?]

A 야 제이드! 나 너무 배고파
Hey Jade! I'm so hungry

B 음, 알아? 몇 신지 지금
Um, do you know what time it is now?

A 신경 안 써 먹을래?
I don't care Are you up for it?

리얼 패턴

➤IT IS QUITE COMMON TO + 동사 [~하는 것은 흔한 일이야]

흔한 일이야	먹는 건 밤에	한국에서는
It is quite common to	eat at night	in Korea
흔한 일이야	술을 마시는 것은 많이	한국에서는
It is quite common to	drink a lot	in Korea

대중교통
What time does the last bus run until in Seoul?

워밍업

What time does the last bus run until in Seoul?
서울에서 막차는 몇 시인가요?

Have you ever compared the public transportation system of Korea and other countries?
한국과 다른 나라의 대중교통을 비교해본 적이 있나요?

리얼 표현

➤ RELOAD [충전하다]

난 충전이 필요해
I need to reload
버스카드를
my bus card
난 생각해
I think
난 필요하다고 충전하는 게 버스카드를
I need to top up my bus card

➤ STUCK IN TRAFFIC [교통체증에 갇히다]

미안해 나
I'm sorry
교통체증에 갇혔어
I'm stuck in traffic
교통이 꽉 막혔어
There is a traffic jam
왜냐하면 길 공사 때문에
because of road construction

➤ HOLY PACKED [겁나게 꽉 찼다]

요 맨!
Yo, man!
지하철은
The subway is
겁나 꽉 찼어 사람들로
holy packed with people
가지 마 저 바에
Don't go to that bar
왜냐하면 겁나 꽉 찼어
Cuz it's hella packed

리얼 패턴

➤ I WOULD SUGGEST TO + 동사 [~하는 것을 추천해]

난 추천해
I would suggest to
타는 것을 택시
take a taxi
난 추천해
I would suggest to
얘기하는 것을 진과
talk to Jean

외국인의 한국_일상생활

우연

What would you do if a stranger asks you a question on the street?

워밍업

What would you do if a stranger asks you a question on the street?
모르는 사람이 길에서 무엇을 물어본다면 어떻게 하시겠나요?

What if he or she was your friend? What would you say to him or her?
만약 그 사람이 당신의 친구라면 뭐라고 말하겠나요?

리얼 표현

➤ BUMP INTO [마주치다]

있잖아
You know,
나 마주쳤어 Sophia랑
I bumped into Sophia
어제
yesterday

내 하루 어땠냐고?
How was my day?
최악이었어
It was terrible
나 마주쳤어 내 상사랑
I bumped into my boss
마트에서
at the grocery store

➤ COINCIDENCE [우연]

아 진짜?
Oh really?
우연이네
What a coincidence!

잊어
Forget about it
그건 그냥 우연이었잖아
It was just a coincidence

➤ GOOSE BUMPS [닭살]

오마이갓!
OMG!
네가 Jean이야?
Are you Jean?
나 닭살 돋아 지금
I'm getting goose bumps now

그래 맞아
Yeah, right
우연
coincidence
그리고 그건 줬지 나에게 닭살을
And it gave me goose bumps

리얼 패턴

➤ OMG! DON'T TELL ME YOU ARE + 형용사 [네가 ~라고 말하지마 – 본인도 긴가민가 하는 상황]

오마이갓!
OMG!
말하지마 나한테 네가 결혼했다고
Don't tell me you are married

오마이갓!
OMG!
말하지마 나한테 네가 임신했다고
Don't tell me you are pregnant

외국인의 한국_그들의 생각

참견 or 관심

What kind of questions do you normally ask when you meet someone for the first time?

워밍업

What kind of questions do you normally ask when you meet someone for the first time?
처음 사람을 만나면 어떠한 질문을 주로 하나요?

Have you ever had a conversation with foreigners before?
외국인과 대화해본 적이 있나요?

리얼 표현

➤ NOSY [오지랖이 넓다]

내 학교?
My school?

내 나이?
My age?

왜 쟤는 물어봐?
Why does he ask?

잰 진짜 오지랖 넓어
He is so nosy

난 좋아해 오지랖 넓은 사람
I love nosy people

왜냐하면 그 의미는
because that means

그들은 신경 쓰거든 나를
they care about me

➤ MAKES ME NERVOUS [긴장하다/부담스럽다]

난 몰라
I don't know

그건 그냥
It just…

만들어 날 긴장하게
makes me nervous

이봐
Hey!

그만해 물어보는 거 질문을
Stop asking questions

넌 만들어 날 부담스럽게
You make me nervous

➤ COULDN'T CARE LESS [신경 안 써]

근데 괜찮아!
But it's OK!

난 신경 안 써
I couldn't care less

내가 신경 쓰는 거로 보여?
Do I look like I care?

솔직히
Honestly,

난 신경 안 써
I couldn't care less

리얼 패턴

➤ HE/SHE ALWAYS CARES ABOUT + 명사 [그/그녀는 ~에 대해 항상 신경 써]

그는 항상 신경 써
He always cares about

사람들 나이에
people's age when

말할 때
talking

그녀는 항상 신경 써
She always cares about

사람들을 보는 그녀를
people looking at her

외국인의 한국_그들의 생각

한국인에 대한 생각
Do you think foreigners like Koreans?

워밍업

Do you think foreigners like Koreans?

외국 사람들이 한국 사람을 좋아하는 것 같나요?

What do you think is the best thing about Korean people?

한국 사람들의 가장 좋은 점은 무엇이라고 생각하나요?

리얼 표현

➤ WELCOMING [따뜻이 맞이하는]

난 만났어 진을 / 그리고 그는 정말 친절했어
I met Jean, and he was very welcoming

야! / 열자 환영파티를 / 새로운 스터디 리더들을 위한
Hey! Let's have a welcoming party for the new study leaders

➤ REALLY DRIVEN [열정 가득한]

난 생각해 / 한국 사람들은 / 열정 가득하다고
I think Koreans are really driven

만약 네가 원하면 성공을 / 넌 해야 해 열정 가득
If you want to succeed, you have to be very driven

➤ LET'S HAVE A MOMENT [좀 쉬자]

사람들은 일해 엄청 열심히 / 근데 좀 적당히 하자
People work really hard, but let's have a moment

난 알아 너 파티 좋아하는 거 / 근데 좀 적당히 하자
I know you party hard, but let's have a moment

리얼 패턴

➤ I THINK IT'S A GREAT OPPORTUNITY TO + 동사 [내 생각에 ~하는 것은 정말 좋은 기회인 것 같아]

내 생각엔 정말 좋은 기회인 것 같아 / 배우기 새 문화를
I think it's a great opportunity to learn a new culture

내 생각엔 정말 좋은 기회인 것 같아 / 늘리기 내 영어를
I think it's a great opportunity to improve my English

외국인의 한국_그들의 생각

외국인으로서의 장점

What are the advantages of being a foreigner in Korea?

워밍업

What are the advantages of being a foreigner in Korea?
한국에서 외국인으로서의 장점들은 무엇이 있을까요?

Don't you think they need to study Korean?
그들이 한국어를 공부해야 한다고 생각하지 않나요?

리얼 표현

> FREE STUFF [공짜]

난 생각해 I think	외국인들은 받는다고 foreigners are getting	많은 공짜들을 a lot of free stuff
난 갈 거야 I'll go	만약 공짜면 if it's free	모든 사람은 좋아해 공짜를 Everyone loves free stuff

> GREEK TO ME [못 알아듣겠어]

뭐라는 거야 재 What's he sayin'	그건 모두 It's all	못 알아듣겠어 Greek to me
난 싫어 그녀의 수업이 I don't like her classes	왜냐하면 Cuz	그건 모두 못 알아듣겠어 it's all Greek to me

> ONE FOR THE BOOKS [값진 인생 경험]

여행은 부산으로의 최고였어 The trip to Busan was amazing	그건 값진 인생 경험이었어 That was one for the books
진을 만난 건 내 행운이었어 Meeting Jean was lucky	그건 값진 인생 경험이었어 That was one for the books

리얼 패턴

> I'M OPEN TO ALL KINDS OF + 명사 [난 모든 ~에 열려있어]

난 열려있어 모든 종류의 I'm open to all kinds of	음악에 music
난 열려있어 모든 종류의 I'm open to all kinds of	음식에 food

외국인의 한국_그들의 생각

외국인으로서의 단점

What are the disadvantages of being foreigners in Korea?

워밍업

What are the disadvantages of being foreigners in Korea?
한국에서 외국인으로서의 단점들은 무엇이 있을까요?

Do you think there are many racists in Korea?
한국에 인종차별을 하는 사람들이 많다고 생각하나요?

리얼 표현

➤ SHADY [수상한]

저 수상한 사람이 / 계속 물어봤어 나에게 / 많은 질문을
That shady man / kept asking me / a lot of questions

뭐? / Sophia가 일 안 한다고 더 이상? / 그건 좀 수상해
What? / Sophia is not working anymore? / That's shady

➤ STARE HARD [노려보다]

야 패트릭 / 왜 너는 노려봐 그를?
Hey, Patrick! / Why are you staring hard at him?

그는 보여 수상하게 / 그게 왜 내가 노려보는 이유야
He looks suspicious / That's why I stare so hard

➤ IT'S NOT A BIG DEAL [별일 아니야]

A 뭐? 내가 먹냐고 개를?
What? Do I eat dogs?

B 응, 왜냐하면 넌 한국 사람이잖아
Yeah, cuz you are Korean

C 오마이갓! 제니퍼
OMG! Jennifer Stop it!

A 하하하 괜찮아 Jean
Hahaha It's OK, Jean

별일 아닌데 뭐
It's not a big deal

아니 난 안 먹어 개를
No, I do not eat dogs

리얼 패턴

➤ I FELT BAD FOR + 명사/동명사 [~에 대해서 안쓰러웠어]

난 안쓰러웠어 / 그가
I felt bad for / him

난 안쓰러웠어 / 웃은 게
I felt bad for / laughing

해외 취업_시행착오

열정 충만

What's the best way to adapt to your first job?

워밍업

What's the best way to adapt to your first job?
첫 직장에서 적응을 하기 위한 가장 좋은 방법은 무엇인가요?

What would you do if you are given a job that is not related to your major?
만약 당신의 전공과 상관없는 일자리를 준다면 어떻게 하시겠나요?

리얼 표현

➤ BLANK LOOK [못 알아듣는다는 눈빛]

내가 불렀을 때 그의 이름을		그는 줬어 나에게	blank look을
When I called his name,		he gave me	a blank look
난 말했어 그에게	그만 마시라고 술을	그리고 그는 줬어 나에게	blank look을
I told him	to stop drinking	and he gave me	a blank look

➤ BORN READY [태어날 때부터 준비되어 있다]

A 자 ~ 진 / 준비 됐어?
So Jean, are you ready?

B 물론이죠 / 태어날 때부터 준비되어있어요
Absolutely! I was born ready

→ I was born for this
난 이걸 위해서 태어났어요

➤ COUNT ON ME [믿어요]

A 확실해? / 네가 도와줄 수 있는 게 그를?
Are you sure you can help him?

B 아 당근 / 믿어요
Oh c'mon, you can count on me

리얼 패턴

➤ I HAD A HARD TIME + 동명사 [~하는 것에 힘든 시간을 보냈어]

난 힘든 시간을 보냈어	응대하는 것을 손님과
I had a hard time	dealing with customers
난 힘든 시간을 보냈어	일어나는 것을 오늘 아침
I had a hard time	waking up this morning

해외 취업_시행착오

도움 요청

Do you ask for help when you are having trouble?

워밍업

Do you ask for help when you are having trouble?
문제가 있을 때 도움을 요청하는 편인가요?

What is the best way to ask for help?
도움 요청을 할 때 가장 좋은 방법은 무엇이 있나요?

리얼 표현

➤ BE A BURDEN [짐이 되다]

알아
I know,
근데 난 원하지 않아
but I don't want to
짐이 되는 것이 너에게
be a burden on you

이건 나의 문제야
This is my problem
난 원하지 않아 짐이 되는 것이
I don't want to be a burden
사람들에게
on people

➤ SAVING YOUR BUTT [도와주다]

무슨 말을 하는 거야?
What are you talkin' about?
난 너를 도와주고 있잖아
I'm saving your butt

진짜 너무 고마워
Thank you so much
날 도와줘서
for saving my ass

➤ COME AGAIN? [다시 말해줄래?]

A 알겠어 진 내가 보여줄게 너에게 어떻게 사용하는지 인트라넷을
Alright Jean, I'll show you how to use the intranet

B 감사합니다
Thanks a lot

A 첫 번째로는 넌 등록해야 해 이메일을 그리고 나선 어쩌고저쩌고
First of all, you need to register an email and then bla bla bla

B 음, 다시 말해줄래요?
Um, come again?

리얼 패턴

➤ I'M HOPING YOU CAN ASSIST ME WITH + 명사 [전 당신이 ~에 관해서 도와줬으면 좋겠어요]

전 당신이 절 도와줬으면 좋겠어요
I'm hoping you can assist me with
이 문제에 대해서
this problem

전 당신이 절 도와줬으면 좋겠어요
I'm hoping you can assist me with
무언가를
something

해외 취업_시행착오

실수 만발

Do you make a lot of mistakes at work?

워밍업

Do you make a lot of mistakes at work?
직장에서 실수를 많이 하는 편인가요?

What kinds of mistakes do you usually make?
어떤 종류의 실수들을 하나요?

리얼 표현

➤OUT OF IT [정신없어]

전 너무 바빴어요 요즘 I've been so busy lately	죄송합니다 I'm sorry	난 좀 I'm just	정신없어요 오늘 out of it today
진은 방금 일어났어 Jean just woke up	그리고 참나~ and man	걔 완전 정신없네 he's out of it!	

➤REALITY [현실]

난 알아 네가 가지는 거 I know you have	힘든 시간을 a hard time here	그게 현실이야 That's the reality
알아, Yeah,	뭘 할 수 있겠니 내가 What can I do, man?	그게 현실인데 That's the reality

➤GOT YOUR BACK [도와줄게/내가 있잖아]

A	맨 인생 진짜 힘들다 Man, life is so tough	나 일했어 12시간을 오늘 I worked 12 hours today	난 술 마셔야 해 오늘 밤 I need to drink tonight	갈래 wanna go?
B	당연하지 Sure, man	내가 있잖아 I got your back		

리얼 패턴

➤YOU HAVE TO ADMIT THAT YOU + 동사 [넌 ~한 것을 인정해야 해]

넌 인정해야 해 You have to admit that	네가 틀렸다는 것을 you were wrong
넌 인정해야 해 You have to admit that	네가 만든 것을 큰 실수를 you made a big mistake

해외 취업_시행착오

병가
Have you ever called in sick to work?

워밍업

| Have you ever called in sick to work?
직장에 병가를 내 본 적이 있나요?

| Have you ever lied about being sick to stay home from work?
집에서 쉬기 위해서 직장에 아프다고 거짓말을 한 적이 있나요?

리얼 표현

➤FEEL UNDER THE WEATHER [몸이 안 좋아]

죄송해요
I'm sorry
전 몸이 안 좋아요
I feel under the weather

아 제발
Oh, please
시키지 마 나한테 요리하라고 오늘
don't ask me to cook today
난 조금 몸이 안 좋아
I feel a bit under the weather

➤DAY OFF [쉬는 날]

왜 전화했었어 나한테 어제?
Why did you call me yesterday?
난 쉬는 날이었어 어제
I had the day off yesterday

난 아팠었어
I was sick,
그래서
so
난 반 차를 썼어
I took a half day off

➤GET AN IV [링거를 맞다]

나 링거 맞았어
I got an IV
그리고
and
엄청 나았어 지금은
I'm feeling much better now

넌 보여 정말 정말 피곤하게
You look really, really tired
넌 링거 맞아야 해
You should get an IV

리얼 패턴

➤IT'S TOO LATE TO + 동사 [~하기엔 너무 늦었어]

너무 늦었어
It's too late to
병가 전화하기
call in sick

너무 늦었어
It's too late to
병원 가기
go see a doctor

해외 취업_적응 기간

슬럼프

When do you feel bored at work?

워밍업

When do you feel bored at work?

직장에서 지루함을 느끼는 적이 언제인가요?

What are some good ways to back to normal?

다시 제 자리로 돌아오는 좋은 방법이 무엇이 있을까요?

리얼 표현

➤ MONDAY BLUES [월요병]

맨, 월요일이야 또
Man, it's Monday again

난 가지고 있어 월요병을 또
I'm having Monday blues again

나 그냥 일하면 안 돼? 일요일에
Can I just work on Sunday?

이 월요병은
These Monday blues

힘들게 해 날
are killing me

➤ SLIPPED MY MIND [깜빡했어]

뭐? 너 책? 오마갓 진짜 미안
What? Your book? OMG I'm so sorry

완전 까맣게
It completely

잊고 있었어
slipped my mind

정말 죄송합니다 전화하려고 했어요 Mr. Jones에게
I'm so sorry, sir I was going to call Mr. Jones,

하지만 완전 까맣게
but it totally

잊고 있었어요
slipped my mind

➤ THAT MUST BE A HASSLE [귀찮겠다]

그는 일해야 한다고? 토요일에?
He has to work on Saturday?

장난해?
Are you serious?

귀찮겠다
That must be a hassle

매니저가 전화한다고? 일요일에
Your manager is calling on Sunday?

엄청 귀찮겠다
That's must be a pretty big hassle

리얼 패턴

➤ LET'S DO SOMETHING + 형용사 [~한 걸 하자]

무언가 하자
Let's do something

미친 듯 놀 거 오늘 밤
crazy tonight

무언가 하자
Let's do something

멋진 거
awesome

해외 취업_적응 기간

능력발견

What is your major and what are you good at?

워밍업

What is your major and what are you good at?
당신의 전공은 무엇이며 어떤 스킬이 있나요?

Do you have special skills to improve your career?
당신의 커리어 향상을 위한 스킬이 있나요?

리얼 표현

➤ MAKE IT [할 수 있어]

다음 주까지? **By next week?**	물론 문제없어 **Sure, no problem**	할 수 있어 **I can make it**
우리는 3분 남았지 그치? **We got 3 minutes left right?**	걱정 마 **Don't worry**	할 수 있어 **I can make it**

➤ ALMOST HAD IT [거의 다 했는데]

무슨 말이야? **What do you mean?**	끝났다고? **It's finished?**	오마이갓! 거의 다 했는데 **OMG! I almost had it**
잠만 잠만 **Wait, wait!**	줘봐 5분만 **Gimme like 5 mins**	뭐? 젠장 아깝네 **What? Damn! I almost had it**

➤ KEEP UP WITH [따라가다]

넌 벌써 끝냈어? **You already finished?**	맨, 난 못해 따라가는 것을 너를, 진 **Man, I can't keep up with you, Jean**
그는 일해 엄청 빨리 **He works too fast**	난 못해 따라가는 걸 그를 **I can't keep up with him**

리얼 패턴

➤ I'M DYING TO + 동사 [나는 ~를 하고 싶어 죽겠어]

난 하고 싶어 죽겠어 **I'm dying to**	말하는 것을 그에게 **tell him what**	내가 뭘 잘하는지 **I am good at**
난 하고 싶어 죽겠어 **I'm dying to**	보여주는 것을 그에게 **show him**	내가 누구인지 **who I am**

해외 취업_적응 기간

인종차별

Have you ever experienced racism?

리얼영어-선택

리얼영어-월별

워밍업

Have you ever experienced racism?

인종차별을 느껴본 적이 있나요?

Do you think Koreans or you are racist?

한국 사람이나 당신이 인종차별주의자라고 생각하나요?

리얼 표현

➤GOTTA KNOW YOUR PLACE [분수를 알아라]

뭐 얘기할게
Let me tell you what

분수를 알아라
You gotta know your place

너 알지 진 그지?
You know Jean, right?

문제가 뭐야 걔?
What's wrong with him?

그는 그냥 분수를 몰라
He just doesn't know his place

➤BEAT AROUND THE BUSH [돌려서 얘기하다]

저기 있잖아
Look,

안 해도 돼
You don't have to

돌려 얘기
beat around the bush

그래서 Yes라고 No라고?
So, is it yes or no?

돌려 얘기하지마
Stop beating around the bush!

➤A BIT IRONIC [조금 말이 안 돼]

난 내일 했어 근데, 난 모르겠어
I did my work, but I don't know

왜 그가 화났는지 나에게
why he is mad at me

그래서 조금 말이 안 돼
So it's a bit ironic

너 들었어 Patrick?
You heard about Patrick?

그는 되었어 선생이
He became a teacher

그렇게 생각하지 않아? 조금 이상하다고
Don't you think that's a little ironic?

리얼 패턴

➤DON'T YOU DARE + 동사 [~하기만 해 봐]

하기만 해 봐
Don't you dare

말하는 것을 나에게
speak to me like

그렇게
that

하기만 해 봐
Don't you dare

말하는 걸 무슨 말이든
say anything

해외 취업_적응 기간

눈치

Do you feel uncomfortable when you talk to your boss?

워밍업

Do you feel uncomfortable when you talk to your boss?
상사와 얘기를 할 때 불편하거나 눈치를 보나요?

How do you deal with your boss when there is a conflict?
상사와 충돌이 있을 때 어떻게 대처하시나요?

리얼 표현

➤ CUT SOME SLACK [좀 봐주세요]

저기요
Sir,
좀 봐주세요
cut me some slack
네?
Will ya?

**님
Sir,
이건 너무 많은 일이에요 저에게
this is too much work for me
좀 봐주세요
Cut me some slack

➤ TAKE A SHORTCUT [지름길을 택하다]

그는 화낼 거야 우리에게
He will be mad at us
우리는 필요해
We need to
지름길을 택하는 것이
take a short cut

이건 걸릴 거야
It is going to take
긴 시간이
a long time
지름길을 택하자
Let's take a shortcut

➤ GET ON WITH IT [그냥 지나가자]

좀 알아 네가 어떻게 느끼는지
C'mon I know how you feel,
근데 그냥 지나가자
but let's just get on with it

난 알아 이게 힘든 거 너에게
I know it is hard for you,
근데 넌 그냥
but you just need to
해야 해
get on with it

리얼 패턴

➤ FEEL FREE TO + 동사 [~것을 편하게 해]

편하게 해
Feel free to
말하는 것을 나에게
tell me
어젯밤에 일어났던 일을
about what happened last night

편하게 해
Feel free to
물어보는 것을 나에게 뭐든지
ask me anything

해외 취업_노력과 비전

하소연

Do you talk to your colleagues for complaining your work?

워밍업

Do you talk to your colleagues for complaining your work?
불만이 있을 때 동료와 얘기하나요?

What kinds of complaints do you get at work?
직장에서 받는 불만은 어떤 것들이 있나요?

리얼 표현

➤ IN PRIVATE [단둘이]

난 필요해 말하는 것이 너와 I need to tell you	무언가 중요한 것 something important	말할 수 있어 너와? Can I talk to you in private?
**님 전 원합니다 Sir, I wish	말하는 것을 당신과 to speak with you	단둘이 in private

➤ WORD OF MOUTH [입소문]

네 그건 이틀 전이에요 Yes, it was two days ago	난 들었어요 I heard it	입소문으로 by word of mouth
믿지마 Don't trust	모든 것 네가 듣는 things you hear	입소문을 통한 by word of mouth

➤ WORK MY ASS OFF [미친 듯 일하다]

알아요? You know?	전 미친 듯이 일했어요 I worked my ass off	그 프로젝트를 위해서 for that project	
난 이해 안 돼 왜 그가 화났는지 I don't understand why he is angry		난 미친 듯 일했어 I worked my ass off	그걸 끝내려고 to get it done

리얼 패턴

➤ HOW CAN YOU SAY + 주어 + 동사 [어떻게 ~한다고 말할 수 있지?]

어떻게 얘기할 수 있어? How can you say	내가 일 안 한다고? I don't work?	
어떻게 얘기할 수 있어? How can you say	내가 말했다고 나쁜 것을 I said bad things	그에 대해 about him?

해외 취업_노력과 비전

진심

Are you honest when talking to your boss?

워밍업

Are you honest when talking to your boss?

당신의 상사와 이야기할 때 솔직한가요?

Are you afraid of telling your boss what you think about your job?

당신의 업무에 대해 솔직하게 상사에게 말하는 것이 두렵나요?

리얼 표현

➤ STRAIGHT FORWARD [직설적]

전 솔직히 말할게요 당신에게
I'm gonna be straight forward with you

전 하기 싫어요 야근을
I don't want to work overtime

있잖아
You know,

진의 요구는
Jean's request

굉장히 깔끔했어
was pretty straight forward

➤ ONE UP [더 잘하다]

글쎄요 그거 알아요?
Well you know,

그는 잘해요 .
He is good,

근데 제가 더 잘할 수 있어요
but I can one up him

여기 진실이 있어
Here is the truth

그녀는 항상
She always

잘해 너보다
one ups you, man

➤ NO OBJECT [문제가 아니에요]

전 그냥 원해요 일하는 것을 여기서
I just want to work here

돈은 문제가 아니에요
Money is no object

만약 가능하다면
If it's possible,

돈은 문제가 아니에요
money is no object

리얼 패턴

➤ WHO IS GOING TO + 동사 [누가 ~를 해줄 건가요?]

누가 해줄 건가요?
Who is going to

지지하는 것을 나를
support my back?

누가 해줄 건가요?
Who is going to

이 사태의 수습을
pay for this?

해외 취업_노력과 비전

조언

Is there anyone who gives you advice at work?

워밍업

Is there anyone who gives you advice at work?
직장에서 당신에게 따뜻한 조언을 주는 사람이 있나요?

What kind of advice would you give to your colleague if they needed it?
동료가 당신의 조언이 필요할 때 어떠한 조언을 해주겠나요?

리얼 표현

➤ I'M ALL EARS [들을 준비 돼 있어]

언제든 네가 원할 때 말하는 것을
Whenever you want to talk to me,
맨,
man,
난 들을 준비 되어 있어
I'm all ears
말해줘
Tell me
왜 네가 우울한지
why you are so upset
난 들을 준비 되어 있어
I'm all ears

➤ NEVER CAN BE TOO CAREFUL [조심을 강조해도 지나치지 않아]

A 넌 보냈어 너의 파일? 너 이메일로?
Did you send your file to your email?
B 아니, 근데 난 저장했어 USB에
Nah, but I saved it on a USB drive
A 응, 근데 보내 이메일로도
Yeah, but send it to your email too
아무리 주의해도 지나치지 않아 그렇지?
you never can be too careful right?

➤ KEEP YOUR FINGERS CROSSED [행운을 빌어]

너 있지 면접 오늘 그치?
You have a job interview today right?
행운을 빌어줄게
I'll keep my fingers crossed for you
넌 준비 됐어? 너의 미팅 오늘
You ready for your meeting today?
행운을 빈다 친구
Fingers crossed buddy!

리얼 패턴

➤ WHENEVER YOU WANT, I WILL + 동사 [언제든 네가 원하면 나는 ~할게]

언제든 네가 원하면
Whenever you want,
난 도와줄게 너를
I will help you
언제든 네가 원하면
Whenever you want,
나는 있어줄게 너와 함께
I will be there with you

해외 취업_노력과 비전

마지막 날

How would you feel on your last day at your work?

워밍업

How would you feel on your last day at your work?
직장에서의 마지막 날에 기분이 어떨 것 같나요?

What would you say to your colleagues?
동료들에게 어떤 말을 하시겠나요?

리얼 표현

➤ TIME FLIES [시간 빨리 간다]

맨, 이미 2년이 지났네
Man, it's been 2 years
마지막 날이야?
Is it your last day?
시간 빨리 간다
Time flies
시간 진짜 빨리 간다
Time flies!

➤ GOTTA MOVE ON [잊고 나아가다]

그건 굉장히 좋은 경험이었어 나에게
It was such a great experience for me
난 나아가야 해
I gotta move on
근데 난 또 나아가야지
but I gotta move on
왜냐하면 난 아직 꿈이 있으니까
cuz I still got dreams

➤ KEEP YOU UPDATED [계속 알려줄게]

계속 알려줄게
I'll keep you updated
우리는 계속 알려줄게
We will keep you updated
진행 상황을
on the progress

리얼 패턴

➤ I LIKE THE WAY YOU + 동사 [난 네가 ~하는 것이 좋아]

난 너의 방식이 좋아
I like the way you
난 너의 방식이 좋아
I like the way you
말하는
talk
웃는
smile

memo

REALENGLISHFORSEASON

리얼영어
진짜 녀석들

리얼영어-월별

- 새해 계획
- 밸런타인데이
- 환절기
- 벚꽃축제
- 가정의달
- 여행 계획
- 여름휴가
- 인스타
- 가을향기
- 추석
- 각종 소식
- 크리스마스

새해 계획

다이어트

리얼스토리텔링

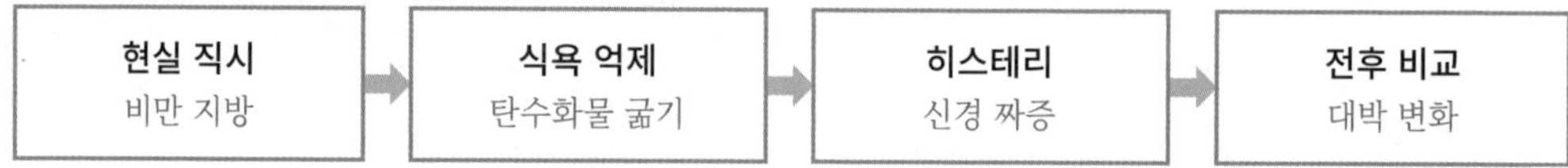

현실 직시

➤ I've put on some weight [나 살쪘어]

weight = 몸무게 | put on = ~를 쓰다, ~를 얻다

여행 가려고 했는데, 뭐 여러 가지 이유 때문에 올여름으로 미뤘거든. 사실… 다른 이유는 다 상관이 없는데… 나 비키니를 못 입을 거 같아

있잖아,	나…	살쪘어
You know,	I've	put on some weight

➤ If it jiggles, it's fat [흔들리면 지방이야]

jiggle = 흔들리다 | fat = 지방, 살이 찌다

안 되겠네 그럼. 너 내가 그러길래 밤에 야식 좀 그만 먹으라고 했냐 안 했냐? 터미네이터 너 알지? '아놀드 슈왈츠제네거'가 그랬어. 화내지마

흔들리면,	지방이야
If it jiggles,	it's fat

식욕억제

➤ I can't have any carbs [탄수화물은 안 먹어]

carbohydrate(carb) = 탄수화물 | have ~ = 먹다

그래서 미친 듯이 다이어트하는 구만? 낙이 없겠네. 너 운동도 안 하잖아? 그리고 너 탄수화물 중독 아니냐?

난 못 먹어	탄수화물은
I can't have	any carbs

➤ I've been skipping dinner [저녁은 계속 굶고 있어]

I've been ~ = ~해 오고 있어 | skip = 넘기다, 안 먹다, 안 하다

그래서 안 먹잖아 헬스는 끊어놔도 가지도 않으니… 기사에서 보니까 하루에 딱 10시간만 먹으면 살이 안 찐데!

계속	굶고 있어 저녁은
I've been	skipping dinner

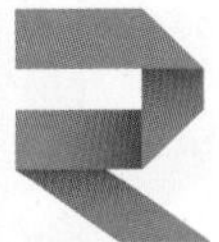

리얼영어-선택

리얼영어-월별

히스테리

➤Why are you so cranky today? [오늘 왜 그렇게 짜증이야?]

cranky = 짜증내는 | are you vs. do you = are(상태) vs. do(행동)

저녁을 안 먹어서 그런가 얘가… 뭔가 입에 안 들어가니까 막 미칠 거 같아?

왜 너 그렇게 짜증이야 오늘?
Why are you so cranky today?

➤I can't take it anymore [더 이상은 못 참겠어]

can't take it = 견딜 수 없어 | anymore = 더 이상은

나도 모르겠어… 그냥 다 짜증 나고, 남친이랑도 싸우고, 일도 안되고 다이어트는 다음 생에나 해야겠다 난…

나 못 참겠어 더 이상은
I can't take it anymore

전후 비교

➤No way! [말도 안 돼!]

way = 길, 방법

(다이어트한 친구를 보며) 야.. 너.. 뭐냐? 너 뭐했냐? 설마 다이어트했다고 이렇게 변했다고??

말도 안 돼!
No way!

➤You look smokin' hot [너 대박 쩐다!]

smokin' hot = 대박 섹시해 | To a guy: You looking good = 대박 멋진데?

아니 이게 말이 되냐고? 장난 아니다 진짜 진심 다시 태어난 애 같다 너

너 대박 쩔어!
You look smokin' hot

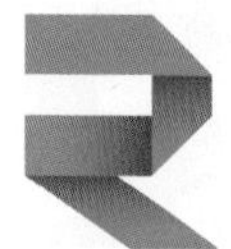

새해 계획

금연

리얼스토리텔링

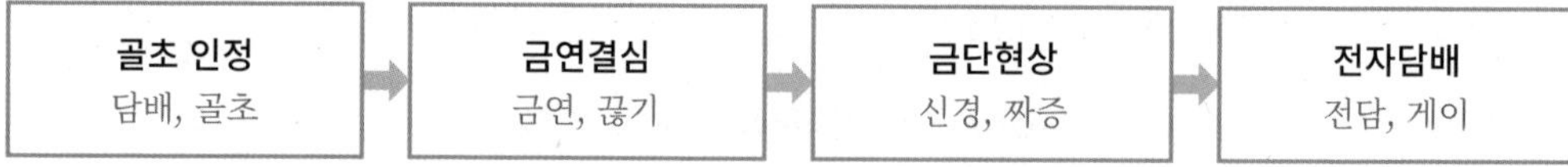

골초 인정	금연결심	금단현상	전자담배
담배, 골초	금연, 끊기	신경, 짜증	전담, 게이

골초 인정

➤ Let me bum a bogie(smoke) [한 대 피우고 올게]

bum = 빌리다 | bogie(smoke) = 담배

오늘 '매운 갈비찜' 때문인가…난 이상하게 매운 거 먹으면 자꾸 땡기더라 갈래? 야 하나만 줘봐

하고 올게 / 피는 걸 담배를

Let me / bum a bogie(smoke)

➤ He smokes like a chimney [걔 완전 골초야]

like a chimney = 골초(굴뚝에서 연기를 떼는 것 같은) | Syn. He's a heavy smoker / He's a chain smoker

걔 또 담배 피웠지? 하루에 두 갑 넘게 핀다는 소식이 있던데? 진짜 대박이다 대박

걔 / 완전 골초야

He smokes / like a chimney

금연결심

➤ I quit smoking cold turkey [나 담배 끊었어]

quit smoking = 담배를 끊다(흔한 표현) | cold turkey = 단칼에 끊어버리다

요즘 세상에서 담배 피우면 진짜 사람 취급 못 받잖아 지금 한 2주 정도 됐나?

나 담배 끊었어

I quit smoking cold turkey

➤ I gotta cut down on smoking [나 담배 좀 줄여야겠어]

gotta = 해야 돼(got to의 줄인 말) | cut down on ~ = ~을 줄이다

요즘 담배 너무 많이 피워서 기침도 계속하고, 자꾸 체력이 너무 약해지는 것 같아 회식 때, 술 먹으면 또 너무 많이 피고

나 해야 해 줄이는 것을 / 담배 피우는 걸

I gotta cut down on / smoking

금단현상

➤I'm going through withdrawal [나 금단현상 겪는 중이야]

going through = ~를 겪는 중 | withdrawal = 금단현상

너 요즘에 왜 그렇게 우울해 보이냐? 뭔 일 있어? 맨날 머리 아프다 하고, 설마 담배 끊어서 그런 거야?

어, 나 겪는 중이야 금단현상
Yeah, I'm going through withdrawal

➤It's driving me nuts [미칠 것 같아]

nuts = 미친, 제정신이 아닌 | driving me ~ = ~하게 만든다(흔히 nuts & crazy를 사용하여 미치게 한다는 표현)

잠도 안 오고, 사람들한테 요즘 계속 짜증만 내고, 솔직히 너무 힘들다. 여친은 딱 3달만 더 참으면 된다고 하는데…

후우… 미칠 것 같아
It's driving me nuts

전자담배

➤I love vaping my e-cig [전담 피우는 거 좋아해]

love vaping = ~(전담) 피우는 걸 좋아해 | e-cig = 전자담배

나 금연은 실패했잖아 근데 여친이 전담은 괜찮다고 하더라고 뭐 냄새도 안 나고, 나쁘지 않은 거 같아. 더 이상 스트레스 안 받고

난 좋아해 피는 걸 내 전자담배
I love vaping my e-cig

➤I feel gay [나 게이 같아]

gay = 게이 | I feel ~ = ~인 것 같아(I feel gay는 I feel like I'm gay에서 더 줄여서 쓴 말)

근데 남자애들 만날 때 이거 피면 열라 뭐라고 하긴 하더라. 술자리에서 막 충전하고, 막 액상 넣고 그러는 내 모습 보면 아주 살짝

게이 같아
I feel gay

새해 계획

금주

리얼스토리텔링

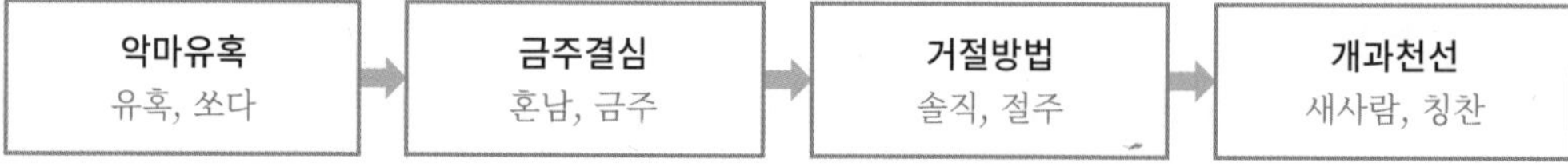

악마유혹

➤ I feel like a drink [술 땡겨]

feel like ~ = 땡겨 | a drink = 술

오늘 수요일밖에 안 됐는데 왜 이렇게 금요일 같지? 할 일 많냐? 가볍게 한 잔 어때? 진짜 가볍게~

난 술 땡겨

I feel like a drink

➤ Drinks are on me [내가 낼게]

on me ='나에게 있다'란 표현으로 돈을 낸다는 의미 | drinks = 술(술은 통틀어 'drinks'라고 칭한다)

진짜 가볍게 한잔이야, 어때? 요즘 우울하기도 하고, 야 우리 마신지도 오래됐잖아.

아 좀~	내가 낼게
C'mon,	drinks are **on me**

금주결심

➤ Aren't you over doin' it? [좀 심한 거 아니야?]

over doin' = 좀 과하게 하다 | Syn. This is too much(너 좀 심하다)

야 너 술만 먹으면 왜 그러냐? 좀 적당히 마시라고 했잖아 누가 술 먹는 거 가지고 뭐라 그래? 같이 있는 사람한테 피해는 주지 말아야지

너…	좀 심한 거 아니야?
Aren't you	**over doin' it?**

➤ I'm off the booze [나 술 끊었어]

booze = 술(drinks라고도 함) | off the booze = 'off'의 '끄다'의 의미로 술을 끊었다라는 표현

나 술 안 먹어 이제. 술만 먹으면 실수도 너무 많이 하고 생활이 안 된다 힘들어서

그래서…	나 술 끊었어
So,	**I'm off the booze**

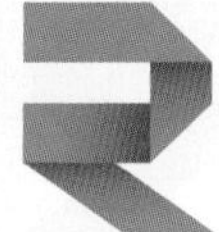

거절방법

➤ I'm a light weight [나 술 약해]

light weight = '체중이 적게 나가다'의 의미를 써서 '술이 많이 약하다'란 표현
난 빠질게 나 가면 아마 재미 없을 거야. 나 소주는 입에도 못 데고,
나　　　술 약해
I'm a　　　light weight

➤ Two glasses are my limit [2잔이 딱 정량이야]

limit = 한계, 한도 | Two glasses = 본인의 주량을 표기
나 진짜 못 마시는데.. 내 주량 들으면 그냥 집에 가라고 할걸?
2잔이　　　딱 정량이야
Two glasses　　　are my limit

개과천선

➤ I turned over a new leaf [나 새사람 됐어]

turned over = 변했다 | a new leaf ='leaf'는 나뭇잎으로 새사람의 의미
나 금주한 지 이제 딱 2년 됐다. 돈도 절약되고, 요새 아주 살기 좋아 재미는 조금 없지만
나 변했어　　　새사람으로
I turned over　　　a new leaf

➤ That makes sense [그거 말 되네]

makes sense = 'sense'는 감각, 정신의 의미로 말이 된다란 표현
처음에는 네가 술 끊었다고 하길래 왜 그랬나 했었거든 근데 그런 이유들이 있었다고 하면 이해하지
그거 말 되네
That makes sense

새해 계획

건강검진

리얼스토리텔링

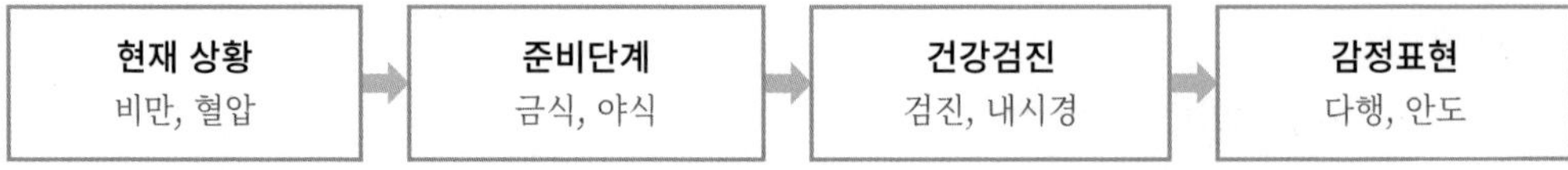

현재 상황	준비단계	건강검진	감정표현
비만, 혈압	금식, 야식	검진, 내시경	다행, 안도

현재 상황

➤ He's extremely obese [걔 돼지잖아]

Extremely = 극도로, 대단히, 엄청 | obese = 비만인

이번에 회사에서 하는 건강검진 어느 병원이더라? 전에 김 대리랑 같이 갔었는데, 비만 나오던데 살 좀 뺐나 올해는?

걔… 돼지잖아

He's extremely obese

➤ My blood pressure is a bit high [나 혈압 좀 있어]

blood pressure = 혈압 | a bit high = 조금 높아

난 뭐 운동도 시작하고 살도 빼서 걱정은 없는데, 우리 아버지 알지? 유전이잖아 나도

내 혈압 좀 높아

My blood pressure is a bit high

준비단계

➤ I need to fast for a day [하루 동안 금식해야 해]

fast = 금식하다 | for a day = 하루 동안

너도 내시경 하냐? 난 위내시경 하거든. 어차피 전신마취라서 상관은 없는데, 젠장 배고파 죽겠는데…

난 해야 해 금식을 하루 동안

I need to fast for a day

➤ Let's grab a late night snack [야식 먹자!]

Grab = '잡다'의 의미도 되며 '먹다'란 뜻도 가능 | late night snack = 야식

야 배고파 죽을 거 같아 그냥 미룰까? 이번 달 안에만 하면 되잖아. 나 진짜 배고프면 잠도 안 온단 말이야 그냥…

하자! 먹는 걸 야식을

Let's grab a late night snack

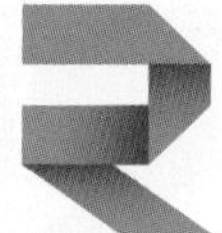

건강검진

➤ I had a medical checkup [건강검진 받았어]

medical checkup = 건강검진 | Syn. regular checkup

야, 나 진짜 풀때기라도 먹어야겠어. 알지? 나 오늘 새벽 6시부터 아무것도 못 먹었어

나 받았어	건강검진
I had	a medical checkup

➤ I got an endoscopy [내시경 받았어]

endoscopy = 내시경 | go get an endoscopy = 내시경을 받다

건강검진 결과 기다리고 있는 중이야. 뭐 다른 건 걱정 안 되는데…

나 받았어	내시경
I got	an endoscopy

감정표현

➤ How did it go? [어떻게 됐어?]

go = 'go'는 엄청 많은 의미로 여기에서는 '어떻게 되었냐'의 의미

너 오늘 결과 나오지 않냐? 난 별 이상 없다고 나왔어 그냥 뭐 술 줄이고, 스트레스받지 말라는 거지

어떻게 됐어?
How did it go?

➤ What a relief! [다행이야]

relief = 안도, 안심 | 추가표현 = I'm so relieved (진짜 안심했어)

어 혈압 때문에 걱정 좀 했었는데, 다행히 아무 문제 없다네. 그냥 잠 많이 자고, 비타민 잘 챙겨 먹으래

다행이다
What a relief!

새해 계획
긍정 모드

리얼스토리텔링

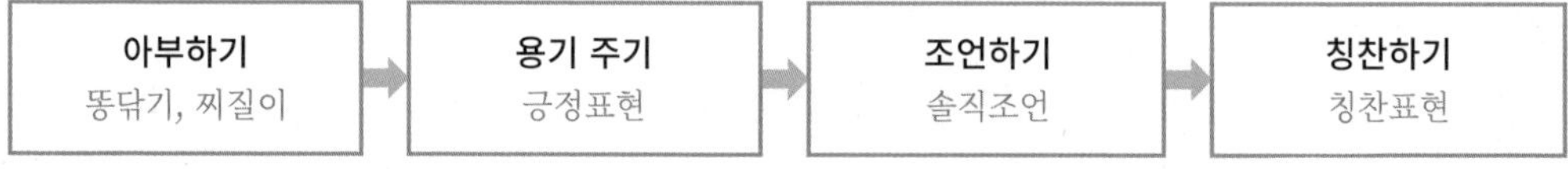

아부하기

➤ You gotta kiss his ass man [걔 똥 닦아 줘야 해]

gotta = 'got to'의 줄임말로 '해야 한다'란 표현 | kiss his ass = 직역(똥구멍을 닦아주다) / 의역 (아부하다)

나 올해는 진짜 승진해야 돼 진짜 올해는 뭐라도 할 거야. 나 뭐해야 하냐? 우리 팀장한테 도대체 뭘 해야지 잘 보일 수 있는 거냐?

넌 해야 해 / 아부를 걔한테

You gotta / kiss his ass man

➤ He's such a brown-noser [걔 완전 아부 찌질이야]

such = '그러한'의 의미로 강조하기 위해 사용 | brown-noser = 아부하는 사람

야 Jean이 아부하는 거 봐봐 정말 걘 아부로만 말하면 난 놈이야. 황 팀장 집에 주말에도 놀러 간다 잖냐

걘 완전 / 아부 지질이야

He's such / a brown-noser

용기 주기

➤ I got your back [내가 있잖아]

back = '등 or 뒤'의 의미로 흔히 '뒤를 봐준다'를 표현할 때 사용

야 우리 부서로 발령받아서 너무 상심하지마 모르는 일 배우는 것도 나쁘지 않잖아 그리고 인마 동기 좋은 게 뭐냐? 이 부서엔 내가 있잖아

내가 있잖아

I got your back

➤ We can work this out [우린 할 수 있어]

work this out = 'work this out'이라 하면 해내다, 풀다, 해결하다란 의미

새로 발령받아서 힘든 거 아는데, 내가 도와줄게. 보고서 제출까지 아직 이틀 남았잖아 걱정 마 내가 도와줄게

우린 할 수 있어

We can work this out

조언하기

➤ Don't take it seriously [너무 심각하게 받아드리지 마]

take it = 받아드리다 | seriously = 심각하게

야, 전 과장 히스테리 있는 거 모르냐? 그냥 한 귀로 듣고 한 귀로 흘려. 그게 정신 건강에 좋아

하지 마 받아드리는 거 심각하게
Don't take it seriously

➤ He didn't mean it [별 뜻 없었을 거야]

didn't mean it = 별 뜻 없이 행동, 대화를 하다 | mean it = 진심을 다해 행동, 대화를 하다

김 과장 너한테 또 그랬어? 왜 자꾸 자기네 팀도 아닌데 너한테 시키고 지X이지? 근데 걔 좀 떨하잖아 그렇게 얘기한 거 아마 몰랐거나 아니면…

별 뜻 없었을 거야
He didn't mean it

칭찬하기

➤ Good for you [잘됐네]

good for you = 좋은 일이 'for you' 너에게 '일어났다'의 표현

발령받고 처음 맡은 프로젝트에서 이만큼 하면 진짜 대단한 거지. 본부장님도 칭찬하지 않았어? 다 네가 한 거고 칭찬 받아 마땅해

잘됐네
Good for you

➤ Good call! [결정 잘했어!]

good call = 동의할 때 사용

그렇네, 여기 부서도 견딜 만 하다 야 이직은 잠시 보류하고 그냥 여기서 열심히 한번 해보련다

결정 잘했어!
Good call!

밸런타인데이
후보자들

리얼스토리텔링

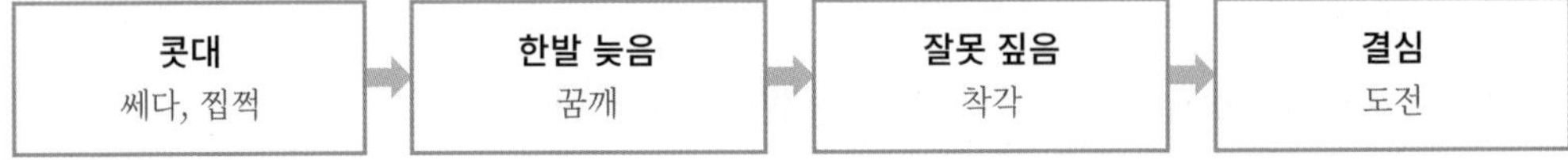

콧대	한발 늦음	잘못 짚음	결심
쎄다, 찝쩍	꿈깨	착각	도전

콧대

➤ She's too snobby [걘 너무 콧대가 세]

snobby = 콧대가 센, 잘난 척하는

Jennifer 만난다고? 밸런타인데이에? 걔가 OK 했어? 내가 아는 Jennifer는 아닐 텐데…

걘	너무 콧대가 세
She's	**too snobby**

➤ He's always hitting on random girls [걘 아무한테나 찝쩍대]

hitting on ~ = ~에게 찝쩍거리다 | random girls = 아무 여자(남자는 random guys)

야 Jean은 아니라고 본다 난 걔가 보자고 해도 보지마. 내가 걔 안 지가 이제 10년이잖아

걘 항상	아무한테나 찝쩍대
He's always	**hitting on random girls**

한발 늦음

➤ She's totally all over Jean these days [걔 요즘 진한테 미쳤던데?]

totally = 완전히 | all over = '곳곳에' '모든 곳에'란 의미지만 이 문장에서는 진을 엄청 좋아한다는 표현

너 한발 늦은 거 같은데… Jessica는 내가 알기론 지금 만나는 사람 있을 텐데, 썸타는 건지 모르겠는데, 걔 요즘 Jean 만나잖아.

걘	완전 Jean밖에 모르던데?	요즘에
She's	**totally all over Jean**	**these days**

➤ Stop dreaming [꿈 깨]

stop dreaming = 꿈꾸고 있는 것(dreaming)을 깨라는 표현 | stop + 행동 = 하고 있는 것을 중단하라는 명령

음… 네가 만날 수 있는 상대는 아닌 거 같아. 그냥 다른 애 만나면 안 되겠냐? Jessica는 안 된다니까?

꿈 깨
Stop dreaming

잘못 짚음

➤ He's got the hots for Jessica [걔 제시카한테 푹 빠졌어]

hot = '뜨거운' 이란 의미지만 썸을 탄다란 의미로 의역 | got the hots for ~ = 누구에게 마음이 있다는 표현

아… 나 진짜 얘 말 못 알아듣네… 야, Jessica만 그런 게 아니라 Jean도 그렇다고

걔도 푹 빠졌어 제시카한테

He's got the hots for Jessica

➤ You are way better [네가 훨씬 나아]

way better = 'way'의 '길'의 표현을 사용하여 훨씬 낫다는 표현

뭘 또 그렇다고 지질하게 처지고 그래… 아니 걔가 뭐가 좋다고 그러냐?

네가 훨씬 나아

You are way better

결심

➤ Go ask her out [만나자고 해]

ask her/him out = 물어보는 의미의 'ask'가 여기선 데이트 신청으로 표현

그래, Amy는 괜찮겠다. 카톡 보냈더니 그날 아무것도 안 한데? 그러면서 'ㅋㅋㅋㅋ' 가 왔다고? 음… 야

만나자고 해

Go ask her out

➤ It's now or never! [지금 아니면 기회는 없다]

now or never = '지금 아니면 전혀'의 뜻이며 이렇게 주어 없이 말해도 상관없어요

너 지금 걔가 이렇게 긍정적인데 밀당 한 번 해보겠다고? 얘 안 되겠네… 야, 걔가 기분 좋을 때 빨리 잡아라

지금 아니면 기회는 없다

It's now or never!

밸런타인데이
약속 전화

리얼스토리텔링

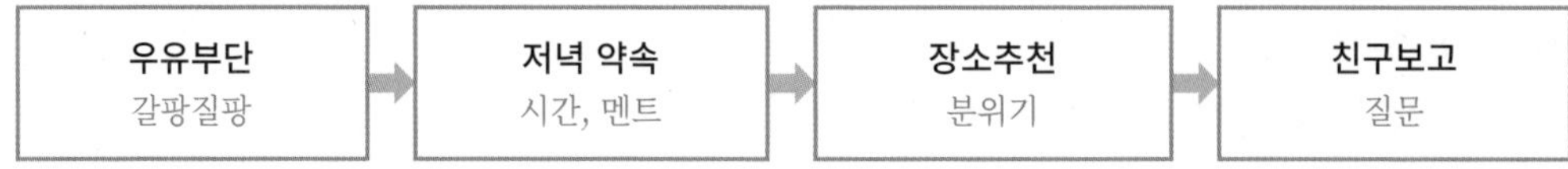

우유부단

➤ Isn't it too late? [너무 늦지 않았냐?]

too late = 너무 늦은 (전화할 시간이 늦을 수도 있으며, 타이밍을 놓쳤다는 의미도 돼요)

근데 내일모레가 발렌타인인데, 지금 전화하면 단번에 까이는 거 아니야? 다른 남자랑 약속 있을 수도 있잖아.

음… 너무 늦지 않았냐?

Isn't it too late?

➤ Well, you got a better option? [다른 방법 있어?]

better option = '더 좋은 방안' 혹은 '다른 방안' | 회화체의 의문문은 끝만 올려주면 OK!

아, 진짜 답답하네… 네 맘대로 해 그럼, 난 뭐 도와주려 한 거지. 생각해봐, 걔가 카톡도 긍정적으로 보냈잖아

아니, 넌 있어? 다른 방법이

Well, you got a better option?

저녁 약속

➤ Are you free tomorrow? [내일 시간 돼?]

free = 시간 있냐는 말을 꼭 'time'을 사용하지 않아도 돼요 | You free tomorrow?

내 생각에는 돌려서 얘기하지 말고, 카톡으로 그날 뭐 하냐고 까지 얘기 나왔으면, 전화해 그리고 빙빙 돌리지 말고, 단도직입적으로 물어봐

너 시간 돼 내일?

Are you free tomorrow?

➤ How does a dinner sound? [저녁 어때?]

sound = '소리'란 뜻이지만, 회화체 문장에서는 '그렇게 들려, 어떻게 들려?'로 해석

그리곤, 부담스러울 수도 있으니까 만나자! 저녁 먹자! 이런 말보단, 약간 부드럽게 물어봐

저녁 어때?

How does a dinner sound?

장소추천

➤ It's really cozy [분위기 괜찮아]

cozy = 아늑한, 편안한 | really = 영어는 '강조' 부사를 자주 사용

그냥 저녁 어때 라고만 물어보고 답변 기다리면 너무 없어 보일 수도 있고, 뭔가 왜 저녁을 먹자는 지 무슨 말이든 납득할 수 있게 해봐

분위기 괜찮아
It's really cozy

➤ It's not packed [사람 별로 없어]

pack = 'pack'은 '짐을 싸다'란 의미 | packed = 'packed'는 '꽉 차있다'란 의미

내 생각엔, 분명 걔가 물어볼 거 같아 거기 사람 많지 않냐고 왜냐면 밸런타인데이잖아 너만이 아는 핫 플레이스라고 해

사람 별로 없어
It's not packed

친구보고

➤ How did she take it? [어떻게 받아들였어?]

take it = 받아드리다 | 새해계획(긍정 모드) = Don't take it seriously

아 궁금해서 못 참고 전화했는데, 안 받네 이거야 카톡이라도 좀 해 봐 답장 왔냐 걔한테?

뭐래?
How did she take it?

➤ How did it go? [어떻게 됐어?]

go = 'go'는 엄청 많은 의미로 여기에서는 '어떻게 되었냐'의 의미

아 이세x 도와주니까 이제 연락 안 하네. 죽을래? 야 전화 안 받냐?

어떻게 됐냐고?
How did it go?

밸런타인데이
선물선택

리얼스토리텔링

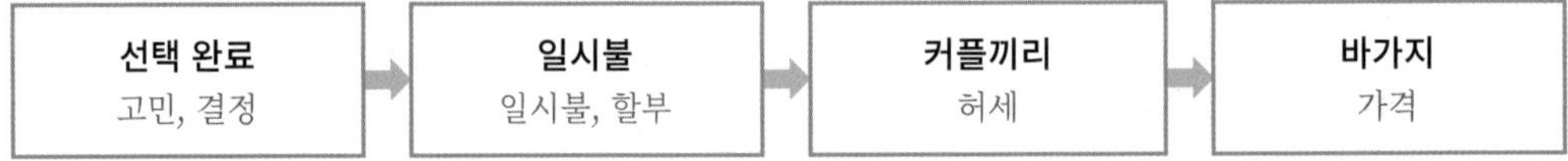

선택 완료

➤ This one looks good [이거 좋아 보이네]

this one = '이것 하나'가 아닌 '이것' | looks good = 좋아 보인다

목걸이 사주려 하는데, 진짜 너무 많아서 뭘 골라야 하는지 모르겠다. 걔한텐 좀 작은 게 어울릴 거 같은데…

이거 좋아 보이네

This one looks good

➤ This will do [이게 좋겠다]

do = '하다'란 동사이지만, 선택한 물건으로 괜찮겠다는 회화적 표현

진짜 못 고르겠다 저기요 30대 초반 여자고요. 여자친구는 아닌데, 부담 안 느끼는 목걸이 하나만 골라 주실래요?

이게 좋겠다

This will do

일시불

➤ Pay in full plz [일시불이요]

pay in full = 일시불(하지만 외국에선 일시불 이란 말을 잘 하지 않는다)

샐러드, 스테이크, 파스타, 와인 2병, 다 해서 28만 5천 원 나왔습니다

일시불이요

Pay in full plz

➤ Pay in 3months installments plz [3개월 할부요]

installment = 할부

아, 28만 5천 원이요 아, 예, 잘 알겠습니다. 여기요

3개월 할부요

Pay in 3months installments plz

커플끼리

➤ Just name it [말만 해]

name = 사전적 의미는 '이름'이지만, 회화체에선 사고 싶은 물건의 이름을 얘기하면 사주겠다는 깔끔한 표현

나 이번에 보너스 받았잖아 자기야. 자신 있어 아주 기쁘게 해주겠어 뭐 가지고 싶어?
말만 해
Just name it

➤ What do you have in mind? [생각해 둔 거 있어?]

in mind = 마음속에

그래도 가지고 싶었던 거 있을 거잖아. 편하게 얘기해도 돼 자기야 이런 기회 흔치 않아
생각해 둔 거 있어?
What do you have in mind?

바가지

➤ This is way too expensive [이건 너무 비싸잖아]

way too = 너무 많이 | Syn. Are you serious?

음… 아니… 이건 좀… 음… 자기야. 내가 언제 명품관을 오자고 했니…

이건	너무 비싸잖아
This is	way too expensive

➤ She will bug me again [쟤 또 바가지 긁을 거야]

bug = 사전적 의미(괴롭히다) / 회화적 의미(바가지 긁다)

아… 나 실수한 거 같네… 여친 표정이 심상치가 않아. 지금 당장이라도 한 대 칠 거 같은데… 아 큰일이네
쟤 또 바가지 긁을 거야
She will bug me again

밸런타인데이 레스토랑

리얼스토리텔링

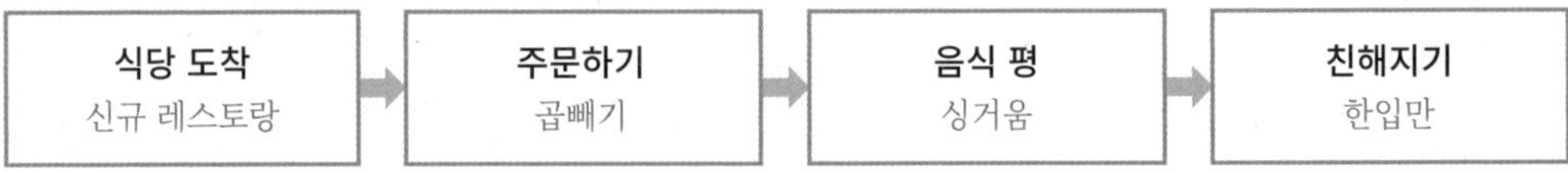

식당 도착

➤It just opened [여기 새로 생겼어]

opened = '열다'란 의미지만 '가게 오픈'의 의미로도 사용

내가 괜찮은 데 봐 둔 곳 있었거든. 여긴데, 안 와봤지?

여기 새로 생겼어

It just opened

➤Let's check it out [한번 가보자]

check it out = 확인해 보자! | check this out = 이걸 확인해 보자!

수고했네 나 여기 들어본 적 있는 거 같아, 맛있겠다

한번 가보자

Let's check it out

주문하기

➤I'll have the same [같은 거로요]

the same = 같은 것 | 추가표현 = same here(마찬가지야)

전 새하얀 마블링과 부드러운 육질을 자랑하는 안심스테이크 미디엄 레어로 주시고요…

전… 같은 거로요

I'll have the same

➤Make it a double [곱빼기로 주세요]

make it = 만들어줘요 | a double = 더블 or 곱빼기

여기는 코스요리가 너무 쓸데없는 게 많이 나오거든 차라리 넌 이 단품 요리를 시켜 난 이거 시킬게 대신에,

곱빼기로 주세요

Make it a double

음식평

➤How's the food? [음식 어때?]

how = '어떻게'란 의미로 '어때?'로 해석

분위기도 나쁘지 않지? 배 많이 불러?

음식 어때?

How's the food?

➤It's too bland [너무 싱겁다]

bland = 단조로운, 싱거운 | It's too spicy(매워) / too sweet(너무 달아)

응 나쁘지 않은 것 같아. 스파게티도 맛있고 스테이크도 괜찮아, 근데 대체적으로…

음… 싱겁다

It's too bland

친해지기

➤Can I have a bite? [한 입만]

bite = '물다'란 표현으로 '먹다'란 의미

네가 시킨 건 뭐야? 그거 많이 매워?

한 입만

Can I have a bite?

➤Just a sip? [한 모금만!]

sip = 홀짝이다, 조금씩 마시다 | 추가표현 Can I take a sip?

너무 맛있고 진짜 여기 짱이다. 근데 너무 배불러, 너 그 맥주 다 마실 거야?

한 모금만!

Just a sip?

밸런타인데이

달달멘트

리얼스토리텔링

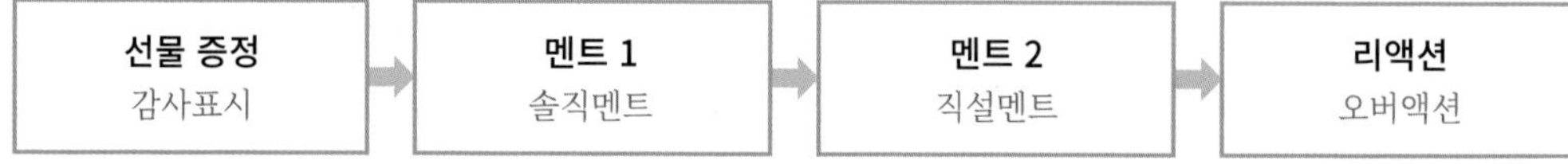

선물 증정

➤ It's for you [자 여기]

It's for you = 한국어 '너를 위한 것이야' - 영어 '자 여기' | 추가표현 = here

밥은 맛있었어? 오늘 그래도 발렌타인인데, 그냥 오긴 뭐해서…

자 여기

It's for you

➤ Wow, I like it [와, 고마워]

I like it = 한국어 '난 이거 좋아' – 영어 '고마워' | 추가표현 = It's beautiful

대박, 난 준비 못 했는데, 이거 받아도 되는 거야?

와, 고마워

Wow, I like it

멘트 1

➤ I'm crazy about you [나 네가 너무 좋아]

I'm crazy = 난 미쳤어 | I'm crazy about you = 난 네가 너무 좋아

선물 너무 부담스럽게 생각하지 말고, 그냥 너한테 잘 어울릴 거 같아서, 아니… 사실 부담스럽게 생각해도 돼 있잖아

난… 너무 좋아 네가

I'm… crazy about you

➤ I like you just the way you are [있는 그대로의 네가 좋아]

Just the way you are = 있는 그대로의 너

되게 당황스럽네… 나 근데 되게 집착도 심하고, 예민 덩어리에, 게으르고, 잘 삐지고, 이거 말고도 단점 엄청 많은데, 못 고칠 텐데…

네가 좋아 있는 그대로의

I like you just the way you are

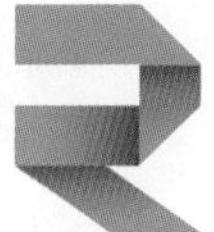

멘트 2

➤ I kinda like you [나 너 좀 좋아]

kinda = 'kind of'의 줄임말로 조금, 그냥, 대충의 의미

우리 만난 지 얼마 안 됐는데, 자꾸 네가 생각나고, 뭐 그래…

나… 좀 좋아 네가
I… kinda like you

➤ Would you be my girlfriend? [나랑 사귀어 줄래?]

Would you be my girlfriend / boyfriend? ≷ 외웁시다

그래서 말인데, 있잖아…

나랑 사귀어 줄래?
Would you be my girlfriend?

리액션

➤ Sure [그래]

sure = 긴 답변은 별로 도움이 되지 않습니다 | 추가표현 = Why not? (그래 그러자)

……

그래
Sure

➤ You made my day [덕분에 즐거웠어]

made my day = 하루를 즐겁게 마무리하다

오늘 식사도 너무 맛있었고, 선물도 너무 고마워. 그리고 아까 고백도 고맙고

덕분에 즐거웠어
You made my day

환절기
꽃샘추위

리얼스토리텔링

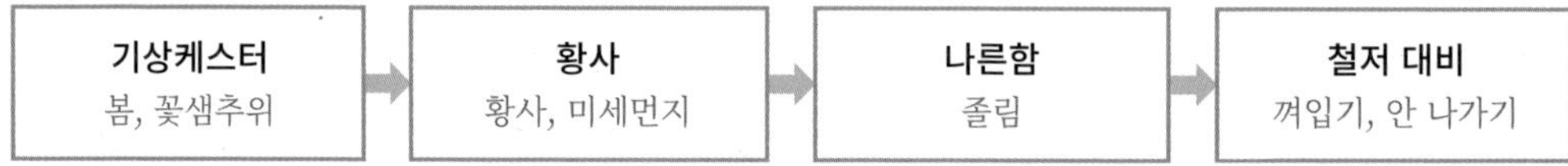

기상케스터

➤ Spring has sprung [봄이 왔어]

Spring has sprung = '봄이 왔다'란 표현 단, 잘 사용 안 함 한국에서 많이 쓰는 표현이기에 전달

나 저번 주에 쇼핑 갔다 왔거든, 아직 추운데 질러버렸어. 봄 신상이 너무 많이 나와 주신 거죠…

봄이 왔어
Spring has sprung

➤ There will be a huge cold snap [꽃샘추위 있을 거야]

There will be ~ = ~가 있을 거야 | cold snap = 꽃샘추위

너 이번 주에 여행 간다고? 음… 난 아니라고 본다. 뉴스 못 봤어?

있을 거야	꽃샘추위
There will be a	huge cold snap

황사

➤ The yellow dust is pretty bad today [오늘 황사 너무 심해]

yellow dust = 황사 | pretty bad = 많이 나쁜

너 나갈 거면 마스크 오늘은 꼭 쓰고 나가, 가오잡고 안 쓰고 콜록거리지 말고! 엄마 말 들어!

황사가	너무 심해 오늘
The yellow dust is	pretty bad today

➤ Look how fuzzy it is [뿌연 것 좀 봐]

fuzzy = 뽀송뽀송한, 흐릿한, 뿌연 | 추가표현 = fine dust (미세먼지)

아 오늘 진짜 미세먼지 장난 아니다. 도대체 왜 이러는 거냐? 야 하늘 봐봐

뿌연 것 좀 봐
Look how fuzzy it is

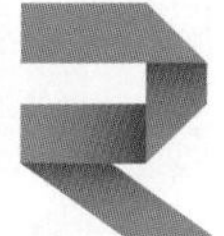

나른함

➤ I have spring fever [나른해 죽겠다]

spring fever = 초봄의 나른함

아 요즘 왜 이렇게 일이 하기 싫지? 그냥 아무 것도 하기 싫어. 진짜 아무 이유 없이…

나른해
I have spring fever

➤ I'm feeling drowsy [졸려 죽겠어]

drowsy = 졸린 | I am drowsy도 맞는 표현

와 미치겠네 진짜, 안 되겠다. 나 잠깐만 나갔다 올게

나… 졸려
I'm feeling drowsy

철저 대비

➤ Bundle up! [껴입어!]

bundle = 짐 꾸러미 / ~을 마구 싸다

너 설마 그 얇은 거 입고 지금 나가는 거 아니지? 사람들이 불쌍하게 본다 엄마 말 들어!

껴입어!
Bundle up!

➤ You're such a couch potato [맨날 TV만 보냐?]

couch potato = 소파에 하루 종일 누워서 TV만 보는 사람

야 아무리 날씨가 춥다고 해도 그렇지, 집에만 있어? 그리고 좀 뭔가 생산적인 일을 좀 하던지… 좀비야 뭐야?

넌… 왜 자꾸 TV만 보냐?
You're such a couch potato

환절기 증상

리얼스토리텔링

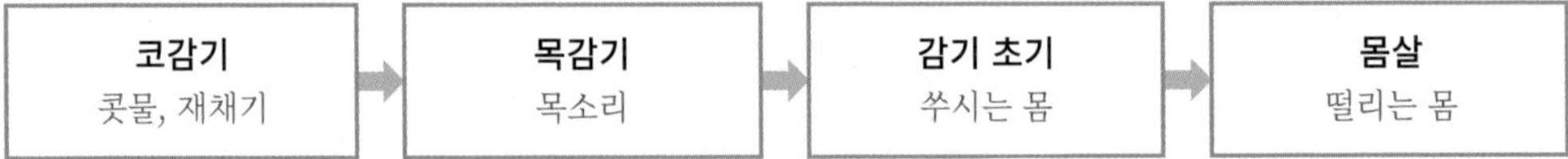

코감기

➤ I got a runny nose [콧물 나와]

runny nose = 콧물 나오다

나 코가 다 헌 거 같아. 아 미치겠네 진짜, 오늘 아침에 휴지 한 통 다 썼어

콧물 나와
I got a runny nose

➤ I keep sneezing [나 자꾸 재채기해]

I keep ~ ing = ~하는 것을 계속해 | sneezing = 재채기

부장님은 도대체 왜 사무실에 카펫을 논 거야? 나 털 알레르기 있거든

나 계속해 재채기
I keep sneezing

목감기

➤ I have a sore throat [목 아파]

sore throat = 아픈 목

난 맨날 겨울만 되면 도대체 왜 이러나 모르겠다. 편도도 자꾸 붓고, 열도 나고, 수술을 아예 해버릴까?

나…	목이 아파
I have	**a sore throat**

➤ I think I'm losing my voice [목소리가 안 나와]

I think ~ = 필요 없는 말이지만 회화체에서 자주 사용 | lose my voice = 목소리가 나오지 않다

내가 주말에 노래방을 간 게 아니라니까. 나 원래 감기 걸리면 이래

있잖아,	나 목소리가 안 나와
I think	**I'm losing my voice**

감기 초기

➤ I think I'm coming down with a cold [감기 걸리려나 봐]

coming down with a cold = 감기에 걸리다

몸이 으슬으슬 춥고 이거 예감이 안 좋아. 일 년에 도대체 몇 번을 이러는지…

있잖아…	나 감기 걸리려나 봐
I think	I'm coming down with a cold

➤ My whole body aches [온몸이 쑤셔]

whole body = 몸 전체 | ache = 쑤셔

몸살 기운 있을 때가 제일 싫어. 아무리 껴입어도 너무 춥고,

온몸이 쑤셔
My whole body aches

몸살

➤ Damn, I've got the flu! [아 젠장 감기 걸렸어!]

Damn = 젠장 | I've got the flu = 감기 걸렸어

아 큰일이다. 나 내일 중요한 술 약속 있는데… 어제 이불 안 덮고 자서 이러나…

젠장,	나 감기 걸렸어!
Damn,	I've got the flu

➤ I'm shivering like crazy [몸이 마구 떨려]

shivering = 온몸을 떨다 | like crazy = 미친 듯이

목 아프고, 열나는 건 다 참겠는데, 진짜 난 감기만 걸리면 약쟁이 된 거 같아…

나 온몸이 떨려	미친 듯이
I'm shivering	like crazy

환절기
병가

리얼스토리텔링

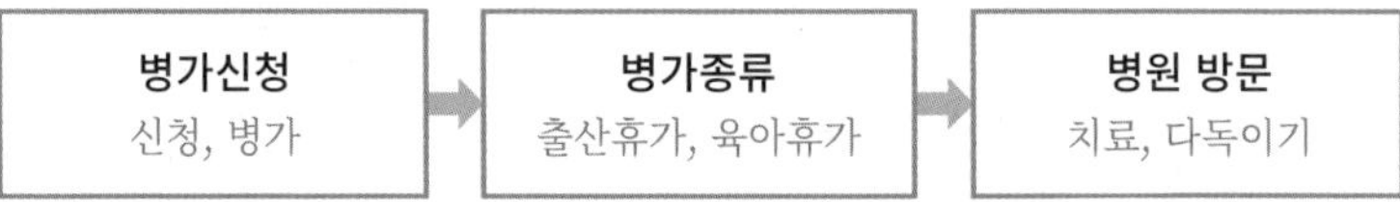

병가신청

➤ I think I'll just call in sick [나 그냥 병가 내야겠어]

just = '그냥'이란 표현으로 필요는 없지만 회화체에서 많이 사용 | call in sick = 병가 내다

오늘 목요일이지? 아 나 몸 상태가 너무 안 좋다. 내일 아침에 미팅이 있긴 한데… 몰라

있잖아 나 그냥…	병가 낼래
I think I'll just…	**call in sick**

➤ I took a day off yesterday [나 어제 쉬었어]

take a day off = 하루 휴가를 내다 | 추가표현 = It's my day off(나 오늘 쉬는 날이야)

어제? 김 대리한테 못 들었어? 나 어제 아팠잖아 팀장님한테 전화 드렸는데…

나 쉬었어	어제
I took a day off	**yesterday**

병가종류

➤ I'm on sick leave [나 오늘 병가 중이야]

I'm on~ = ~하는 중이야(상황마다 전치사는 달라져요) | sick leave = 병가

아 나 집이야 지금 프로젝트 건에 대해서는 내일 얘기하면 안 될까? 나 이제 병원 가야 돼

난 병가 중이야
I'm on sick leave

➤ She's on maternity leave [걔 출산휴가 중이야]

She's on ~ = ~하는 중이야 | maternity leave = 출산휴가

Jenny 말하는 거야? 야 관심 좀 가져라, 걔 임신했던 건 알고 있냐?

걔 지금	출산휴가 중이야
She's on	**maternity leave**

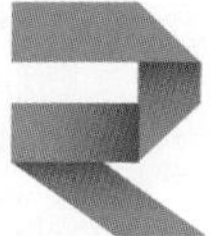

➤ She's on parental leave [걔 육아휴직 중이야]

She's on ~ = ~하는 중이야 | parental leave = 육아 휴가

Susan은 또 왜? 우리 회사가 복지 하나는 좋잖아 월급은 쥐꼬리만 해도…

걔 지금 육아휴직 중이야
She's on parental leave

병원 방문

➤ I think I need to go see a doctor [나 병원 좀 다녀올게]

need to = ~해야겠다(Syn. have to/must/should/gotta) | go see a doctor = 병원에 다녀오다

나 점심은 그냥 안 먹으려고 오늘 이따 오후는 바쁘고 점심시간에 어디 좀 다녀오려고 있잖아… 나 병원 좀 다녀올게
I think I need to go see a doctor

➤ Will be back by 2 [2시까지 올게]

will be back by ~ = ~시까지 올게 | 주어생략 = 회화체에선 이렇게 주어를 생략하는 경우가 많다

뭐 중요한 거 있으면 연락하고, 바로 앞이니까 그렇게 늦지는 않을 거야

올게 2시까지
Will be back by 2

➤ It's not a big deal [별거 아니야]

big deal = 큰 문제 | 주어생략 = 마찬가지로 이 문장도 주어가 생략되어도 회화체에선 OK!

뭐 별 얘기는 안 하고, 똑같지 뭐 주사 맞고, 약 타오고 근데, 이번에 내시경 한번 받자고 하네…

별거 아니야
It's not a big deal

환절기

병문안

리얼스토리텔링

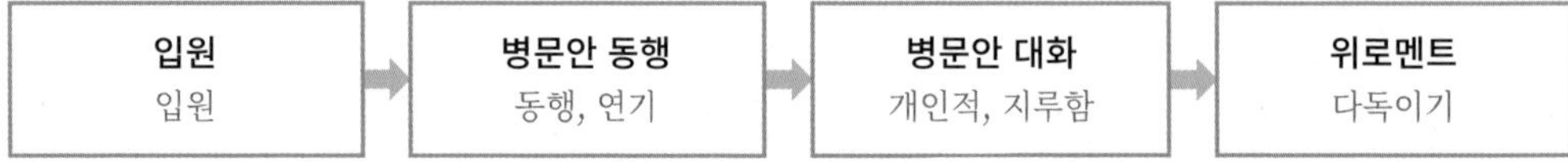

입원

➤ I'm in the hospital [나 입원했어]

I go see a doctor VS. I'm in the hospital | 병원가야 해 VS. 입원했어

아 못 들었구나. 전에 건강검진 했는데, 좀 쉬라고 해서 며칠 휴가 냈어

나 입원했어

I'm in the hospital

➤ Didn't she check in today? [걔 입원하지 않았어 오늘?]

check in = 병원 등록을 하다 | Didn't she = ~하지 않았어?

Sarah라고 어제 입원한 환자 있는데요. 병실이 어디예요?

걔…, 입원 안 했어 오늘?

Didn't she check in today?

병문안 동행

➤ Can I tag along? [따라가도 돼?]

tag = 꼬리표, 꼬리표를 붙이다 | along = ~을 따라

혼자 가긴 좀 그렇고, 야 사무실에서도 말도 잘 안 한 사인데 뭘 혼자가

따라가도 돼?

Can I tag along?

➤ I'll take a rain check [나중에 갈게]

take a rain check = 다음을 기약하다

너희들 오늘 다 같이 간다고? 나 진짜 미안한데, 오늘 할 일이 너무 많아…

나중에 갈게

I'll take a rain check

병문안 대화

Can you give us some privacy? [자리 좀 비켜줄래?]

privacy = 프라이버시

나 Jean이랑 할 얘기가 좀 있는데…

있잖아… 자리 좀 비켜줄래?

Can you give us some privacy?

I'm bored to death [지루해 죽겠어]

I'm bored = 너무 지루해 | death = '죽음'의 의미로 그만큼 지루하다는 뜻

아니 뭐 병문안 와서 뭔 일 얘기를 저렇게 하는 거야? 아님 뭐 둘이 사귀냐? 왜 이렇게 안 나와?

지루해 죽겠어

I'm bored to death

위로멘트

How are you holding up? [잘 견디고 있어?]

holding up = 쓰러지지 않게 버티고 있는 중 | 추가표현 = hold on(기다려)

야 얼굴 완전 반쪽 됐네. 그래도 일 안 하고 좋지 뭐 그지?

잘 견디고 있어?

How are you holding up?

Get back soon [몸조리 잘해]

get back = '돌아와'라는 뜻으로 건강을 되찾으라는 의미 | soon = 곧

암튼 푹 쉬고, 딴생각 하지 말고, 먹으란 거 잘 먹고,

몸조리 잘해

Get back soon

환절기
복귀

리얼스토리텔링

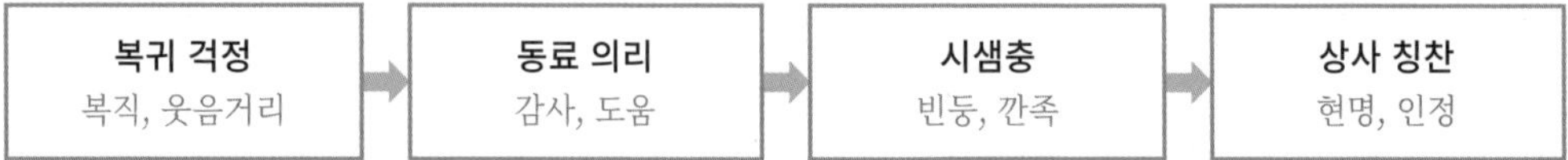

복귀 걱정

➤I'm back! [나 왔다!]

I'm back! = 나 왔다! | I will be back! = 돌아올게!

잘들 지냈냐? 나 없으니까 허전했지?

나 왔다!
I'm back

➤I'll be a laughing stock [웃음거리 될 텐데…]

laughing stock = 웃음거리 | stock = 재고

나 치질 때문에 병가 냈다고 얘기했냐? 다들 알고 있지? 아 진짜 쪽팔리네

난 될 거야	웃음거리가
I'll be	**a laughing stock**

동료 의리

➤I can't thank you enough [뭐라 감사의 말을 해야 할지]

I can't thank you enough = 'enough'를 제외하면 다른 뜻이 돼요

저 없는 사이에 이걸 다 해주신 거예요? 진짜 감동이다

뭐라 감사의 말을 해야 할지
I can't thank you enough

➤I'll pitch in too [나도 도울게]

pitch in = 협력하다 | 흔한 표현 = I'll help you

너 할 일 많은 거 알아. 그래도 동기 좋다는 게 뭐냐?

나도 도울게
I'll pitch in too

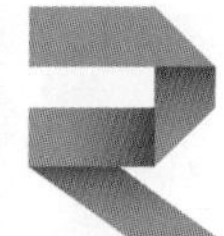

시샘충

➤ Stop goofing off! [그만 좀 빈둥거려]

stop + 행동 = 하고 있는 것을 중단하라는 명령 | goofing off = 빈둥거리다

야 넌 그렇게 쉬고 왔으면 좀 빡쎄게 일하는 모습이라도 보여야 하는 거 아니냐?
그만 좀 빈둥거려
Stop goofing off!

➤ Nothing personal [뭐 별다른 뜻은 없어]

nothing personal = 'personal'의 '개인적인'의 의미를 부여하여 개인적인 감정으로 뭐라 하는 것은 아니라는 의미

아니 내가 널 며칠 전에 부산에서 본 거 같아서 부장님한테 너 아픈 게 아니라, 뭐 여친이랑 여행 간 거 아니냐고 말했거든
뭐 별다른 뜻은 없어
Nothing personal

상사 칭찬

➤ It was a smart move [잘했어]

smart move = 현명한 조치

박 과장 병가 때문에 우리 엄청 힘들었던 거 알지? 그래도 박 과장이 가기 전에 바이어들한테 말을 잘해놓고 갔더라고
잘했어
It was a smart move

➤ I'll give you that [인정하지]

give you = '준다'란 의미로 인정을 해준다는 표현

김 실장 때문에 빵꾸 난 게 너무 많아. 그래도 병원에서 업무 본 덕에 우리가 위기는 모면했어
인정하지
I'll give you that

벚꽃축제

썸남 썸녀 연락

리얼스토리텔링

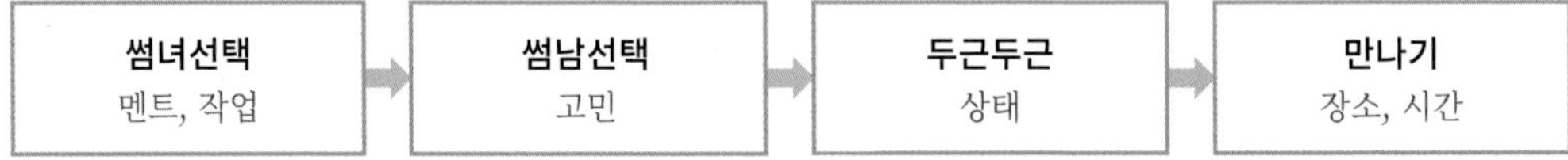

썸녀선택

➤ She's a true cherry blossom [걘 완벽해]

cherry blossom = 벚꽃(그녀는 벚꽃처럼 순백하고 아름답다는 의역) | true = '진짜, 진정'

이제 4월인데 벚꽃 한번 보러 가야 하는데, 그래서 말인데, Christine 있잖아, 걔 괜찮지 않냐?

걘…	완벽해
She's	a true cherry blossom

➤ Wanna go see the cherry blossom? [벚꽃 보러 갈래?]

go see the cherry blossom = 벚꽃을 보러 가다

있잖아, 이번 주 토요일에 뭐해? 날씨도 따뜻한데…

보러 갈래?	벚꽃
Wanna go see	the cherry blossom?

썸남선택

➤ Guess what? [야 대박!]

guess what = 무언가를 추측해보란 의미로 우리나라 '대박'과 동일 의미

야! 야! 야! 야! 야!

야 대박!

Guess what?

➤ I'm seeing him these days [썸타는 애야]

I'm seeing him = '난 그를 본다'는 마음이 있어서 자주 만난다는 표현 | these days =요즘

나 이번 주는 안 되는데… Jean 만나기로 했어, 뭐 벚꽃 보러 가자나 뭐라나

썸타는 애야

I'm seeing him these days

두근두근

Oh man, I'm so pumped [흥분되네] - 남자 버전

pumped = 마음이 콩닥콩닥(펌핑) 되는 흥분 상태 | Oh man = 추임새(남자 버전)

야 나 진짜 Jessica 만나는 거냐? 이거 실화냐?

야, 겁나 흥분 돼
Oh man, I'm so pumped

Oh my god, I'm so nervous [떨려 죽겠네] - 여자 버전

so nervous = 너무 떨린다는 표현으로 회화체에서 자주 사용 | Oh my god = 추임새 (여자 버전)

대박, 나 이번 주에 진짜 Jean 만나는 거야? 나 뭐 입지? 미용실 갔다 올까? 네일부터 할까?

나 어떻게 해, 나 너무 떨려
Oh my god, I'm so nervous

만나기

I'll pick you up [데리러 갈게] - 남자

pick 누구 up = ~를 데리러 갈게

나 차 가지고 갈 거거든 주소 카톡으로 찍어줘

데리러 갈게
I'll pick you up

I'll see you at 2 [2시에 봐] - 여자

at 2 = 시간 앞에는 'at'이란 전치사를 붙여줘요

응 알겠어. 나 준비하는 데 한 1시간 걸리니까 너무 일찍 오지 말고

2시에 봐
I'll see you at 2

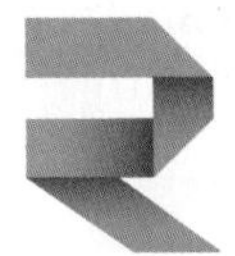

벚꽃축제

장소선택 in 서울

리얼스토리텔링

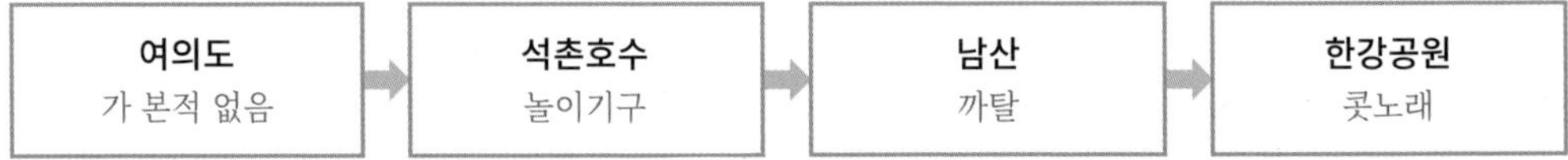

여의도	석촌호수	남산	한강공원
가 본적 없음	놀이기구	까탈	콧노래

여의도

➤It's awesome [끝내주는데?]

awesome = 짱인, 끝내주는, 최고인 | 추가표현 = Sounds great(좋은데?)

있잖아, 그럼 여의도는 어때? 벚꽃 구경 갔다가 IFG 몰에서 쇼핑도 하고, 맛있는 것도 먹자

끝내주는데?
It's awesome

➤I've never been there before [한 번도 안 가 봤어]

never been there = 한 번도 가본 적이 없어 | 회화체에서는 굳이 '현재완료' 사용을 안 해도 괜찮아요

아 진짜? 여의도? 응 좋아. 진짜 서울 살면서 얘기만 많이 들어봤지,

나… 안 가 봤어 한 번도
I've never been there before

석촌호수

➤Are you okay with the rides? [놀이기구 잘 타?]

Are you okay with ~ = ~하는 거 괜찮아? | rides = 놀이기구

벚꽃 하면 또 석촌호수지. 근처에 예쁜 카페도 많고, 아 참! 롯데월드도 갈까?

너… 잘 타 놀이기구?
Are you okay with the rides?

➤Sorry, I'm scared of heights [미안, 나 고소공포증 있어]

I'm scared of ~ = ~를 무서워해 | height = 높이

아, 롯데월드? 꿈과 희망의 매직 아일랜드? 갈 수는 있는데, 난 아마 못 탈 거 같아

미안… 난 무서워 고소공포증이
Sorry, I'm scared of heights

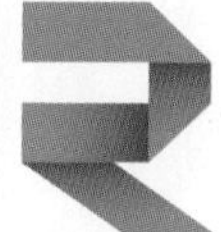

남산

➤How about no? [싫은데?]

How about ~ = ~건 어때? | Syn. What about ~

아… 남산?? 케이블카? (거긴 사귀고 가던지… 나 힐만 신거든…)

음… 싫은데?
How about no?

➤She is so picky [쟤 너무 까다로워]

picky = 까다로운(안 좋은 뜻으로 사용 돼요) | 추가표현 = I hate her

아 진짜… 그럼 뭐 어딜 가자는 거야? 여기도 싫다, 거긴 너무 멀다, 저긴 가봤다…

쟤… 너무 까다로워
She is so picky

한강공원

➤I feel like humming [콧노래 나오네?]

I feel like ~ = ~하고 싶어 | humming = 콧노래 부르는

여의도 한강공원부터 시작해서 걷다가 힘들면 앉아서 시켜 먹고 놀자. 진짜 재밌겠다

콧노래 나오네?
I feel like humming

➤Let’s walk around the park [좀 걸을까?]

walk around = 근처를 걷다

진짜 예쁘다~ 배고프면 편의점 가서 라면 먹을까? 아니면 이따 먹을래?

우리… 걷자 좀
Let’s walk around the park

벚꽃축제

꾸미기

리얼스토리텔링

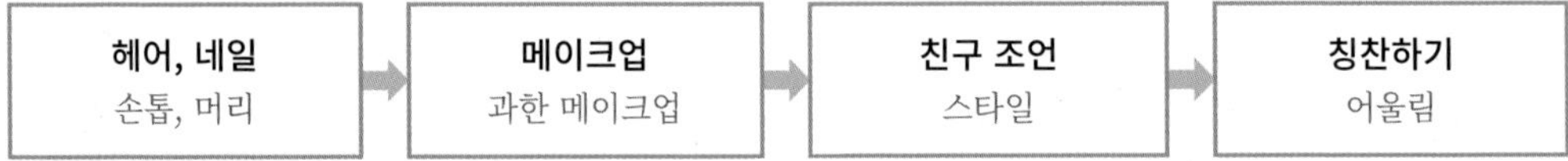

헤어, 네일

➤ I got my nails done [나 손톱했어]

got my nails done = 손톱 케어받았어 | 추가표현 = I got my nose done(코 수술했어)

야 그날 뭐 입지? 아 이럴 줄 알았으면 저번 주에 네가 백화점 가자고 할 때 따라갈 걸… 그래도,

나 / 손톱은 했어

I got / my nails done

➤ I had my hair done [나 머리했어]

여자 버전 = I had(got) my hair done | 남자 버전 = I got a haircut

너 내일 개랑 여의도 간다고 하지 않았냐? 그래도 좀 꾸미는 시늉이라도 하지 그러니… 좋아한다며~

나… / 머리는 했어

I… / had my hair done

메이크업

➤ I've put on some makeup [나 화장했어]

put on ~ = ~를 쓰다, ~를 얻다 | makeup = 화장

너 화장 못 하잖아. 진짜 너 얼굴 예쁜 거 빼면 진짜 완전 그냥 남잔데, 내가 화장해 줘?

나… / 화장했어

I've / put on some makeup

➤ That's too much [좀 과한데?]

too much = 과한

아… 화장을 했구나… 네가… 혼자서… 뭐야? 가부키야?

음… / 좀 과한데…

Um… / that's too much

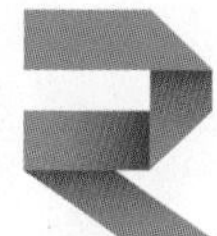

친구 조언

➤Well, it's not my thing [내 스타일은 아니야]

my thing = '나의 것'으로 '내 스타일'로 해석

옷이 좀… 옷도 너무 과한데? 야 벚꽃 보러 가는데 뭘 이렇게 야하게 입어? 뭐 아주 나쁘지는 않지만…

음… 내 스타일은 아니야
Well, it's not my thing

➤You scared the shit out of me [아 존X 놀랐네]

흔한 표현 = You scared me | 추가표현 = You scared the hell out of me

아 화장 뭐야!!! 왜 불을 끄고 있어!!! 컨저링이야 뭐야…

아 진짜… 아 존X 놀랐잖아
You scared the shit out of me

칭찬하기

➤Wow, you're all dressed up [오 멋진데?]

dressed up = 차려입은 | all = 강조의 의미

오오,

오오, 멋진데?
Wow, you're all dressed up

➤That dress looks good on you [잘 어울린다]

looks good = 잘 어울려

너 이거 언제 샀냐? 이거 나도 살려고 했는데, 나한테는 안 어울려서 안 샀거든

그 옷 잘 어울린다
That dress looks good on you

벚꽃축제

교통혼잡

리얼스토리텔링

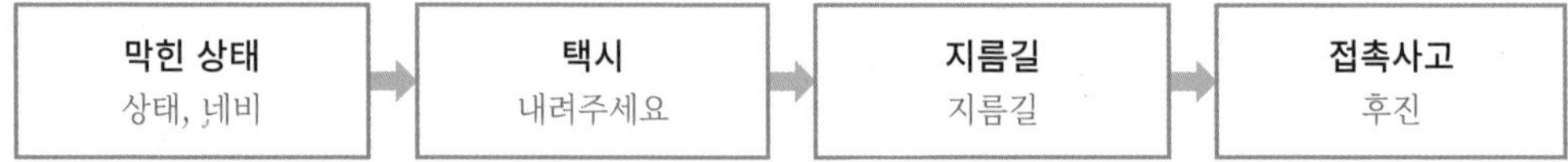

막힌 상태

➤ It's bumper to bumper [꽉 막혔어]

bumper to bumper = 범퍼와 범퍼가 닿을 만큼 막힌 상태 | 추가표현 = still busy

아 미안, 나 아직 강변북론데, 오늘 벚꽃놀이 가는 사람들이 많은지,

음…	꽉 막혔어
It's	bumper to bumper

➤ I'm following the GPS [내비 따라가고 있어]

follow = 따라가다 | GPS = 한국의 '내비게이션'

너희 집 마포 근저잖아. 가본 적은 없는데, 괜찮아

따라가고 있어	내비
I'm following	the GP

택시

➤ Plz gimme like 20 minutes [20분만]

gimme = 'give me'의 줄임말로 채팅에서도 많이 사용 | like = ~정도(Ex. 20분 정도)

아 진짜 미안 택시 탔는데 너무 막힌다. 기사님 말로는 한 20분 정도 걸린다고 하거든?

20분만
Plz gimme like 20 minutes

➤ Pull over here, please [여기 내려주세요]

pull over = 세우다

기사님. 차가 너무 막히네요 저 그냥 여기서 걸어갈게요

내려주세요 여기
Pull over here, please

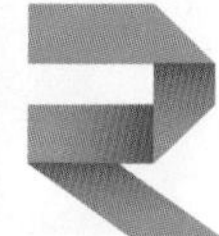

지름길

➤ I know a shortcut [지름길 알아]

shortcut = 지름길 (업무의 빠른 해결 방안도 shortcut이라 함)

왜 자꾸 내비가 이쪽으로 가라고 하지? 안 되겠다 옆으로 빠져야지 걱정 마

지름길 알아
I know a shortcut

➤ Yay, that's what I'm sayin' [오예]

That's what I'm sayin' = 내 말이 그 말이야(동의할 시) | 추가표현 = That's what I'm talkin' about

오, 대박! 이쪽은 하나도 안 막히네?

오예!
Yay, that's what I'm sayin'

접촉사고

➤ It was just a fender bender [그냥 접촉사고였어]

fender bender = 가벼운 접촉사고

강변북로에서 사고가 나서 조금 늦었어. 다친 데는 없고, 잘 해결했어

그냥	접촉사고였어
It was just	a fender bender

➤ He just backed into me [걔가 후진하다 박았어]

backed into me = 후진하다 박았어

아니, 너 차가 왜 그러냐? 어제까지만 해도 멀쩡했는데?

걔가	후진하다 박았어
He just	backed into me

벚꽃축제

벚꽃데이트

리얼스토리텔링

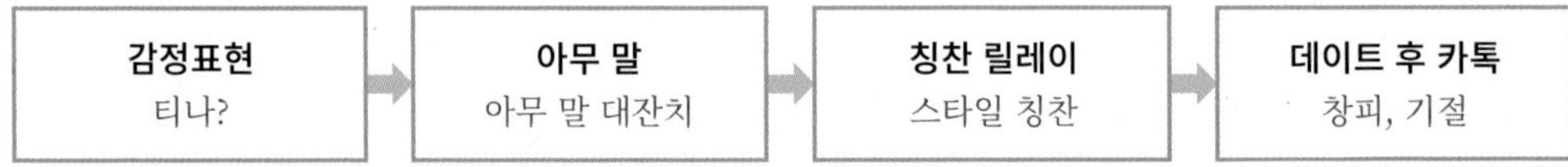

감정표현

➤ Does it show? [티 나?]

show = '보이다'의 동사로 티가 나냐는 표현

원래 그렇게 잘 웃는 거야? 아니면 오늘 벚꽃 보러 와서 신난 거야? 아니면 나 만나서 그러는 거야?
티나?
Does it show?

➤ Is it just me? [나만 그런가?]

Is it me? = '나야?' '내가 할 차례야?' | Is it just me? = '나만 그래?' '나만 그렇게 생각하는 거야?'

아니 뭐, 날씨도 좋고, 벚꽃도 예쁘고, 이따 맛있는 거 먹으러 갈 생각하니까. 그냥 기분이 좋고, 너 만나서 더 좋고,
나만 그런가?
Is it just me?

아무 말

➤ Just out of curiosity [그냥 궁금해서]

curiosity = 호기심 | 추가표현 = I'm just curious(그냥 궁금해서)

넌 주말에 뭐해? / 술은 좋아해? / 이상형이 어떻게 돼? / 가족은? / 연인 생기면 제일 먼저 하고 싶은 게 뭐야?
그냥 궁금해서
Just out of curiosity

➤ You wanna bet? [내기할래?]

bet = 내기, 내기하다 | 정석표현 = Do you want to bet? (단, 회화체에선 줄여서 사용)

너 혈액형 뭐야? 아! 잠깐만!
내기할래?
You wanna bet?

칭찬 릴레이

➤ You look good in pink [핑크 잘 어울린다]

look good in + 색상 = ~색상 잘 어울린다
벚꽃이랑 드레스랑 한 쌍이네? 여자여자 한데?
핑크 잘 어울린다
You look good in pink

➤ Only you can pull that off [너니까 소화한다]

pull that off = 사전적 의미(해내다) | pull that off = 추가 표현(패션 쪽으로 소화하다)
진짜야. 아무리 유행하는 거라도 어울리는 사람이 있잖아
너니까 소화한다
Only you can pull that off

데이트 후 카톡

➤ I was so embarrassed [너무 창피했어]

so embarrassed = 창피했어
아니 그냥 사진 찍어달라고 했지 누가 그렇게 오버해서 찍어달래 ㅋㅋㅋ 사람들이 우리 다 쳐다봤던 거 알아?
너무 창피했어
I was so embarrassed

➤ I almost passed out [나 기절할 뻔했어]

passed out = 기절하다 | almost = '거의' 표현 추가로 기절은 하지 않았음
우리 어제 진짜로 많이 걸었던 거 알지? 내가 이럴 줄 알았으면 운동화 신고 가는 건데… 나 집에 딱 도착해서
나 기절할 뻔했어
I almost passed out

가정의 달

근로자의 날

리얼스토리텔링

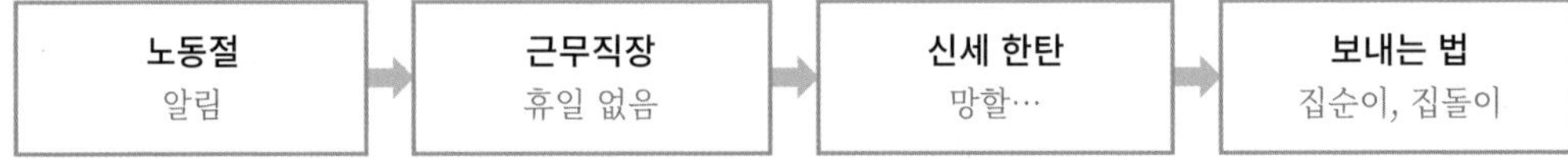

노동절	근무직장	신세 한탄	보내는 법
알림	휴일 없음	망할…	집순이, 집돌이

노동절

➤ Tomorrow is labor day [내일 노동절이야]

labor day = 노동절 미국 노동절(매년 9월 첫 번째 월요일)
아 진짜 또 야근이네. 오늘 한잔하고 싶은데…
내일 노동절이야
Tomorrow is labor day

➤ No doubt [어 알아]

doubt = '의심'의 단어로 'no doubt'은 의심의 여지 없다는 표현
어이구, 뭘 얼마나 빡쎄게 일하면 내일이 노동절인 것도 모르냐? 오늘 한잔하자 아니 진짜 내일 노동절인데, 알고 있어?
어 알아
No doubt

근무직장

➤ I don't get a day off [난 안 쉰다]

day off = 쉬는 날 | get a day off = 쉬다
알고 있으면 뭐하냐고 내일도 나와서 일해야 하는데, 너흰 쉬냐?
난 안 쉰다
I don't get a day off

➤ It's not fair [말도 안 돼]

fair = 정직한, 공정한, 타당한 | 추가표현 = No way!(새해계획_다이어트)
아니… 남들 다 쉬는데 왜? 왜지? 뭐냐 너희 회사? 짜증 난다
말도 안 돼
It's not fair

신세 한탄

➤ F**k my life [망할 내 인생]

신세 한탄 할 때 회화체에서 많이 쓰이는 표현으로 욕이 포함

그러게… 나도 노동잔데, 난 왜 안 쉬냐? 너희 오늘 한잔할 때 난 집에 가서 잘 출근 준비하고 자야겠지…
망할 내 인생
F**k my life

➤ Tell me about it [내 말이…]

궁금한 걸 물어볼 때 = 나한테 말해봐 | 상대방의 말을 동의할 때 = 내 말이…

아니, 그럼 돈이라도 더 주던가 아니면 오늘이라도 일찍 퇴근을 시켜주던가, 뭐야 남들 다 쉴 때 일 시키면서, 뭐가 이래?
내 말이…
Tell me about it

보내는 법

➤ Just chillin' at home [그냥 집에서 쉬는 중]

chilling(chillin') = 별다른 할 일 없이 쉬는 중

노동절이 뭐 있냐? 어제 술 많이 마셨어. 나 지금 뭐 하냐고?
그냥 집에서 쉬는 중
Just chillin' at home

➤ I just vegged out on labor day [집에서 퍼져 있었어]

veg out = 집에서 널브러져 쉬다 | * 간혹 '야채만 먹었다'란 말로 들릴 수도 있음

하긴 뭘 했겠냐? 전날 피로 때문에 놀지도 못하고, 은행 가려고 했는데 은행도 못 가고
나 그냥 집에서 퍼져 있었어
I just vegged out on labor day

가정의 달

어린이 날

리얼스토리텔링

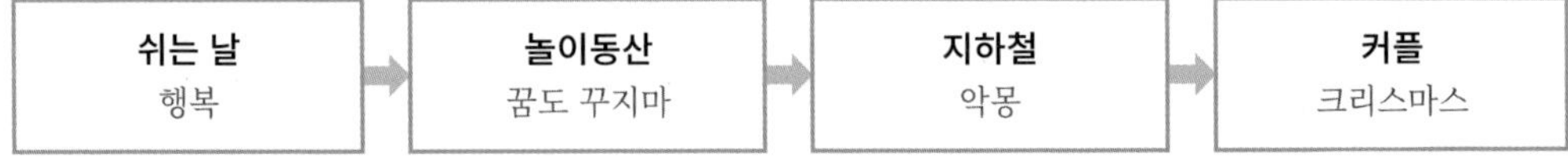

쉬는 날	놀이동산	지하철	커플
행복	꿈도 꾸지마	악몽	크리스마스

쉬는 날

➤ Hell yeah [오 예]

hell = '지옥'의 의미로 강조 표현 | Hell no = 미쳤냐?

월요일 어린이날이냐? 죽으란 법은 없구나 이번 주엔 무조건 2박 3일 놀러 간다
오 예
Hell yeah

➤ Good shit [좋았어]

shit = '똥'이란 단어이지만 'good'과 함께 쓰이면 '좋은 것' 이란 슬랭

금요일이 어린이날이거든 이번 주는 불목부터 달린다 단톡방에 문자 날린다
좋았어
Good shit

놀이동산

➤ Are you serious? [제정신이냐?]

serious = '심각한'이란 뜻으로 회화체에서 엄청 사용 됨

놀러 가는 건 좋은데… 자기야… 꼭 네버랜드 여야만 하니? 음…
제정신이냐?
Are you serious?

➤ That's a no-no [난 아니라고 본다]

That's a no-no = 부정을 강조하려는 표현

나한테 물어보는 거지? 네버랜드만 아니면 그 어디든 갈게 어린이날 네버랜드는… 음…
난 아니라고 본다
That's a no-no

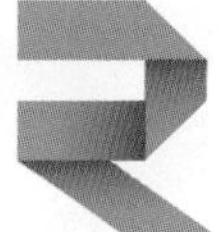

지하철

➤ It’s a nightmare [악몽이야]

nightmare = ‘악몽’의 뜻으로 싫어하는 행위, 행동을 표현할 때 사용 가능

너 어린이날 지하철 안 타봤지? 2호선 잠실 근처는 절대 가지 마라

악몽이야

It’s a nightmare

➤ I’m gonna flip out [미쳐버릴 거 같아]

flip out = 화가 나서 미칠 것 같다(회화에서 자주 사용)

나 지금 지하철인데… 나 왜 너 말 안 듣고 2호선 지하철을 탔지? 지금 잠실 근천데, 내 인내심에 한계가 다가오고 있어…

미쳐버릴 거 같아

I’m gonna flip out

커플

➤ It’s like Christmas all over again [또 크리스마스 같아]

all over = ‘곳곳에’ ‘모든 곳에’라는 의미지만 이 문장에서는 세상 모든 것이 크리스마스 같다는 느끼한 멘트 (발렌타인_후보자들)

우리 어린이날인데 뭐 할까? 내가 레스토랑 예약은 해 놨거든 몇 시에 볼까?

마치… / 크리스마스 같아 또

It’s like / Christmas all over again

➤ You make everyday like Children’s day [넌 맨날 어린이날처럼 만들어 줘]

make everyday like + 특정일 = ~날처럼 만들어 주다

자기는 진짜 최고야. 맨날 이렇게 잘해주면 나 엄청 애 같아지는데…

넌 만들어줘 매일을 / 어린이날처럼

You make everyday / like Children’s Day

가정의 달

어버이 날

리얼스토리텔링

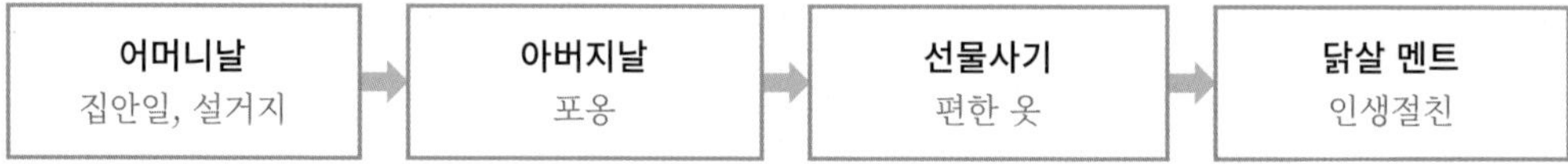

어머니날

➤I'll help doing the chores [집안일 도울게]

chores = 집안일 | doing the chores = 집안일 하는 것

엄마 오늘 어버이날인데, 오늘 쉬어야지 아들이 오늘은 안 나갈게

도울게 하는 것 집안일

I'll help doing the chores

➤I'll do the dishes [설거지할게]

do the dishes = 설거지하다

집안일 할 게 없다고? 음… 그러면 이따 저녁 먹고,

설거지할게

I'll do the dishes

아버지날

➤It completely slipped my mind [완전 까먹고 있었어]

slip my mind = 까먹다 | completely = 완전히

헐… 대박 내일이 어버이날이라고????

완전히 까먹고 있었어

It completely slipped my mind

➤Just give him a hug [그냥 포옹해드려]

hug = 포옹

야 까먹을 게 따로 있지 어쩌냐, 너 돈도 없잖아

그냥 포옹해드려

Just give him a hug

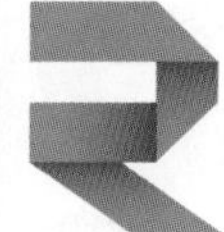

선물사기

➤ Get him something comfy [편한 거 사드려]

comfy = 'comfortable(편안한)'의 줄임 말 | something + 형용사 = ~한 것

글쎄… 선물이라… 아빠 선물이 뭐가 있을까?

사드려 뭔가 편한 거

Get him something comfy

➤ Isn't it stylish? [스타일 있지 않아?]

stylish = 스타일 있는

아빠 선물은 이 넥타이랑, 엄마는 이 스카프 어때?

스타일 있지 않아?

Isn't it stylish?

닭살 멘트

➤ Nobody got a mom like mine [우리 엄마 같은 사람 없어]

nobody = 'nobody'의 사용으로 부정의 의미 표현

우리 어린이날인데 뭐 할까? 내가 레스토랑 예약은 해 놨거든 몇 시에 볼까?

아무도 없어 우리 엄마 같은

Nobody got a mom like mine

➤ You are my best friend dad [아빠 내 절친이야]

한국 정서에는 그다지 와 닿지 않는 표현

내가 아빠 진짜 좋아하는 거 알지? 나 잘못한 거 있어도 엄마한테 말 안 해주는 거 다 알고 있어요

나의 제일 친한 친구야 아빠

You are my best friend dad

가정의 달
가족타임

리얼스토리텔링

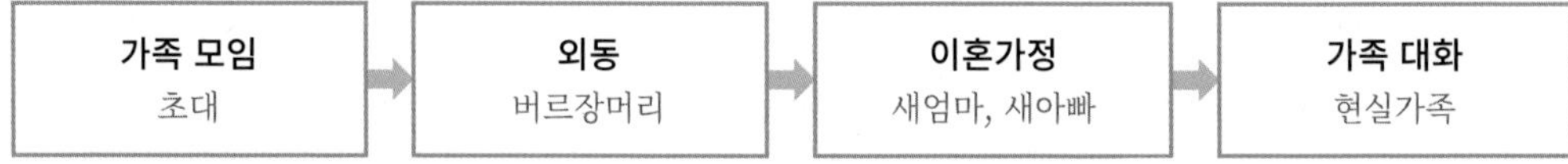

가족 모임

➤ I gotta go spend time with the family [가족 모임 해야 해]

go spend time with~ = ~와 가서 시간을 보내야 해 | Ex. go see a doctor / go ask her out

야 나 오늘은 진짜 안 되겠다. 정말 거짓말 아니야 내가 언제 빼는 거 봤냐? 그게 아니라,

나 보내야 해 시간을 / 가족이랑
I gotta go spend time / with the family

➤ You wanna come over? [올래?]

come over = 놀러 와

(외국인 친구에게) 그냥 너도 같이 우리 집 가자. 우리 부모님 뵌 적 있잖아 울 아빠 영어 좀 알려줘 네가

올래?
You wanna come over?

외동

➤ I'm the only child [나 외동이잖아]

only child = 외동

아 몰랐구나. 나 형제 없어 야 그래서 내가 맨날 형들이랑 노는 거잖아

나··· / 외동이잖아
I'm / the only child

➤ She must be a spoiled bitch [겁네 버릇없겠네]

must be = 분명 ~거야(확실한 추측을 할 시 사용)

아니, 나이가 이제 21살인데 벤츠를 끌고 다닌다고? 자기주장도 엄청 강하다며? 게다가 또 외동이야?

걔 분명··· / 열라 버릇없는 x일 거야
She must be a / spoiled bitch

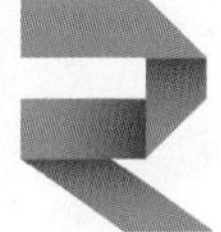

이혼가정

My parents are divorced [우리 엄빠 이혼했어]

be동사 + divorced = 이혼했어 | Ex. I'm divorced / They're divorced / Oh him? Divorced

아 너 몰랐구나? 나 엄마랑 살아, 아빠는 따로 살지 이해했냐?

우리 부모님… 이혼했어
My parents are divorced

Oh, she's my stepmom [새엄마야]

stepmom = 새엄마 | Ex. stepdad / stepbrother / stepsister

내가 21살 때 이혼하셨어 뭐 두 분이 싫다는 데 뭐, 네가 전에 본 그 아줌마?

아, 그 아줌마… 새엄마야
Oh, she's my stepmom

가족 대화

It really got to me [짜증 지대로다]

get to someone = 화나게 하다, 거슬리게 하다 | 추가표현 = It really bothered me

야, 좀 조용히 하고 밥이나 먹자. 너 내가 전에 저녁 먹을 때 참은 거 아냐? 진짜 한 대 칠라다 참았다 그때, 진짜 짜증 났다
It really got to me

Cut it out! [그만해!]

cut it out = '잘라내다'란 의미로 '그만해, 닥쳐' 의 의미로 회화체에서 사용

너희 둘 진짜 이럴래? 만나면 못 잡아먹어서 안달이야 나이가 몇인데!!!!

그만해!
Cut it out!

여행 계획

준비단계

리얼스토리텔링

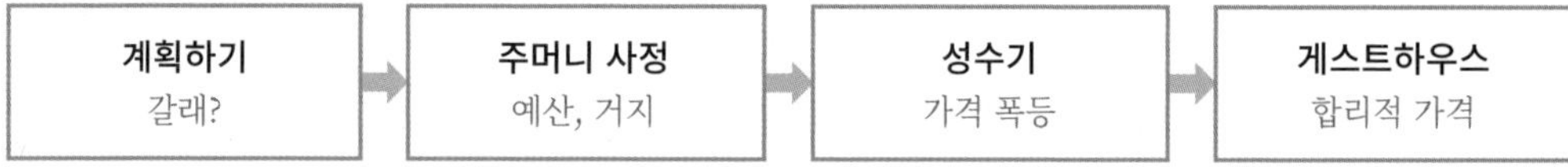

계획하기

➤ Wanna go on a trip? [여행 갈래?]

go on a trip = 여행가다

이번 여름 휴가 계획 세웠어? 너 작년에도 바빠서 아무 데도 못 갔었잖아, 그래서 말인데 이번에 커플끼리,
여행 갈래?
Wanna go on a trip?

➤ For real? [진짜?]

for real = 의문문이 될 수도, 확신하는 문장이 될 수도 있어요 | Ex. 진짜? / 확실해? / 확신해 / 믿어봐

야 너희 맨날 간다 간다 계획만 잡고, 내가 여친한테 너희 때문에 계획 파투나서 욕먹은 것만 생각하면…, 어휴…근데, 이번에는 진짜야?
확실해?
For real?

주머니 사정

➤ What's your budget? [얼마나 있는데?]

budget = 예산

어디로 갈 건데? 해외여행 갈 거지? 사실 나 이번에는 '보라카이' 진짜 한번 가보고 싶은데, 너희 괜찮아?
얼마나 있는데?
What's your budget?

➤ I'm short on paper [나 거지야]

short on ~ = ~가 부족해 | 추가표현 = I'm broke

뭐? 보라카이? 음… 난 그냥… 양평 펜션 잡아서 고기나 구우려고 했는데, 야
나 거지야
I'm short on paper

성수기

➤ Man, it's way too expensive [겁네 비싸네]

놀라는 추임새 = 남자(Man) / 여자(Oh my god) | way too = 너무 많이(밸런타인데이_선물 선택)

뭐??? 얼마??? 아니 성수기라 그런가?

대박,	겁네 비싸네
Man,	it's way too expensive

➤ Cuz it's the busy season [성수기잖아]

busy season = 성수기 | 추가 표현 = peak season

야 장난하냐? 너 여름에 해외 한 번도 안 가봤어? 당연히 비싸지

왜냐면…	성수기잖아
Cuz	it's the busy season

게스트하우스

➤ How about staying in a guest house? [게스트하우스는 어때?]

How about ~ = ~은/는 어때? | guest house = 게스트하우스

야 호텔은 진짜 너무 바가지 가격이다. 야 차라리 엑티비티에 돈을 더 쓰고 숙박은 좀 저렴한 데로 하자

아니면…	게스트하우스는?
How about	staying in a guest house?

➤ Cuz it's reasonable price [합리적이잖아]

reasonable price = 합리적인 가격

아니 생각해봐 호텔숙박에 돈 다 쓰면 솔직히 면세점에서 아무것도 못 사고, 게스트하우스가 훨씬 나아

왜냐면…	합리적이잖아
Cuz	it's reasonable price

여행 계획

돈모으기

리얼스토리텔링

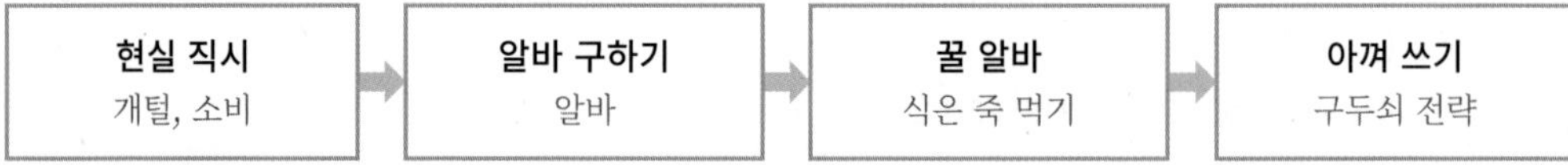

현실 직시	알바 구하기	꿀 알바	아껴 쓰기
개털, 소비	알바	식은 죽 먹기	구두쇠 전략

현실 직시

➤ You spend money like water [넌 돈 물 쓰듯 쓰잖아]

like ~ = ~처럼 | like water = 물처럼

네가 알바를 하겠다고? 여행 자금 마련하려고? 가능하겠냐? 너 주말에만 술값으로 대충 얼마 쓰는지 알지?

넌 쓰잖아 돈	물처럼
You spend money	like water

➤ I'm flat broke [나 개털이야]

flat broke = '평평한' 이란 flat 단어를 사용하여 완전히 돈이 없는 상태

이제부턴 여행 갈 때까지 편의점 뚱땡이 맥주만 먹겠어… 진짜 알바 해야 해 나

나 개털이야
I'm flat broke

알바 구하기

➤ I need a part time job [나 알바 해야 해]

part time job = 아르바이트 | full time job = 전 시간 근무(상근직)

그리고 나 진짜 돈 필요해. 이번에는 여친이랑 꼭 여행 가고 싶단 말이야, 그래서 말인데, 나 진심

나 필요해	알바가
I need	a part time job

➤ I mean, asap [내 말은, 당장]

I mean = 내 말은(무언가 했던 말을 강조할 때 사용) | asap = as soon as possible(당장)

아는 데 있으면 소개 좀 해줘 열심히 할게. 알아볼 게라고만 하지 말고… 다음 주는 무슨 다음 주야! 알바 해야 한다니까

내 말은,	당장
I mean,	asap

꿀 알바

➤ Just to let you know [알고 있으라고]

let you know = 알려줄게 | just to let you know = 그냥 알고 있으라고

내가 Jean한테 들은 얘긴데, 요새 방학 시즌이어서, 대형 어학원에서 조교들 많이 뽑던데… 거기 페이도 괜찮나 봐
그냥 알고 있으라고
Just to let you know

➤ It's a piece of cake [껌이지]

a piece of cake = 식은 죽 먹기

조교? 뭐? 토익 강사 조교 뭐 이런 거? 야 내가 조교면 자신 있어! 일단 가르치는 게 아니라 시키는 것만 하면 되잖아
껌이지
It's a piece of cake

아껴 쓰기

➤ Let's split the bill [야 각자 내자]

split = 쪼개다, 각자 나누다 | bill = 계산서

라면 1개, 참치김밥 3줄, 돈가스 1개, 라뽁이 1개, 2만 5천 원 나왔습니다
야 각자 내자
Let's split the bill

➤ He's such a penny pincher [열라 구두쇠네]

penny pincher = 구두쇠

야 걔 장난 아니야 걔가 언제 한번 밥값 낸 적 있냐? 맨날 얻어먹고, 아니 도대체가 그렇게 모아서 뭐 하려고 하는 건데?
걔… 열라 구두쇠네
He's such a penny pincher

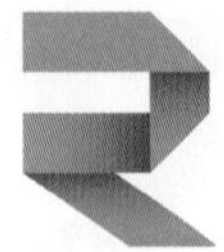

여행 계획
함께 갈 친구

리얼스토리텔링

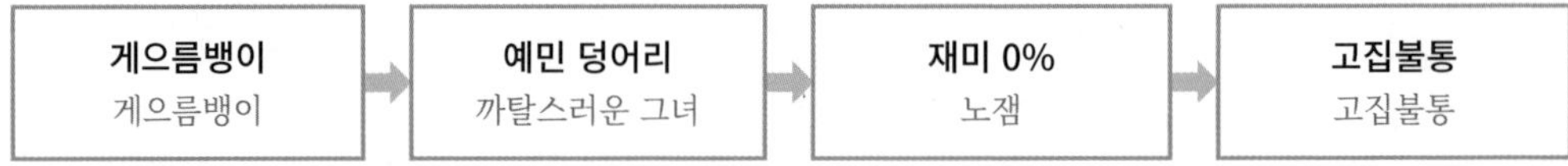

게으름뱅이	예민 덩어리	재미 0%	고집불통
게으름뱅이	까탈스러운 그녀	노잼	고집불통

게으름뱅이

➤ He's such a lazy ass [걘 너무 게을러]

lazy ass = 게으른 놈 (비꼬며 장난스러운 친구끼리의 표현)

Brandon?? 걔랑 여행을 가겠다고?? 아마 네가 모든 잡일 다 해야 될 걸?

걘 너무 게을러
He's such a lazy ass

➤ True that [맞네]

true = 진실, 사실 | true that = 'that'인 그것이 '맞다'라는 동의의 표현

생각해보니까 제 작년에 Brandon이랑 여행 갔다가 설거지도 안 하고 지 여친이랑만 놀아서 싸운 적 있는 거 같다

맞네
True that

예민 덩어리

➤ Jess? Hell no! She's so picky [Jess? 미쳤냐? 완전 예민 덩어리야]

picky = 예민 덩어리인, 까다로운(벚꽃축제_장소선택 in 서울) | Hell no! = '미쳤냐!'

원래 Christine이랑 Jenny랑 셋이서 가기로 했는데, Jenny가 갑자기 일이 생겨서 못 간데… 3명이 딱 좋은데… 누가 있지?

Jess? 미쳤냐? 걔 완전 예민 덩어리야
Jess? Hell no! She's so picky

➤ I don't buy it [못 믿겠는데]

buy = '사다'란 동사이지만 어떠한 사실을 믿냐는 의미로 회화체에선 사용되기도 해요

엥? Jess가 그렇다고? 나랑 있을 땐 괜찮았는데? 흠…

못 믿겠는데,
I don't buy it

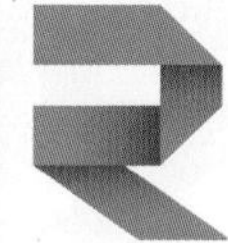

재미 0%

➤ He's no fun [걘 너무 재미없어]

no fun = 재미없어

아 Jacob이랑 같이 가라고? 차라리 혼자 가던지 안 갈래, 너 걔 모르냐?

걘 너무 재미없어

He's no fun

➤ I knew it [그럴 줄 알았다]

knew it = 단순히 '알았다'란 의미보단, 대화 속의 특정 사건, 내용에 대해 본인의 추측과 맞았다는 의미

너도 작년에 Jacob이랑 제주도 다녀 왔잖아 솔직히 말해 봐. 재미 1%라도 있었냐? 재미없었지?

그럴 줄 알았다

I knew it

고집불통

➤ You are way too stubborn [넌 너무 고집이 세]

stubborn = 고집이 센

호텔은 그렇다 쳐도, 더워 죽겠는데 산 올라가는 엑티비티는 좀 빼면 안 돼? 아니 어떻게 둘이 가는 여행인데 다 너 마음대로만 정하려 그러냐…

넌…	너무 고집이 세
You are	**way too stubborn**

➤ I get that a lot [그런 말 많이 들어]

get that = '그것'을 얻다는 표현이지만 회화체에서는 'get'이 그런 말을 많이 듣는다는 의미로 해석

아니, 생각을 해 봐, 돈 주고 가는 여행인데 하고 싶은 건 다 해야 되지 않냐? 뭐 고집이 세단 말은 뭐…

그런 말 많이 들어

I get that a lot

여행 계획
패키지 상품

리얼스토리텔링

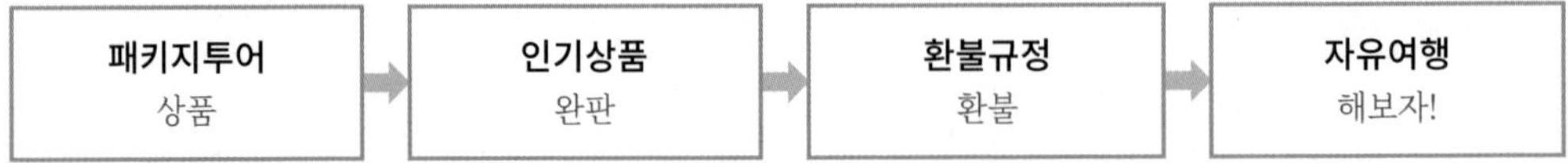

패키지투어

➤ How about a package tour? [패키지 상품은 어때?]

package tour = 패키지 상품

여행 계획 짜는 거 너무 힘들다. 그냥 여행사 전화하는 건 어떠냐? 요즘 할인하는 거 같던데…

어때 패키지 상품은?
How about a package tour?

➤ He's the total package [걘 완벽해]

total package = 완벽한 상품(남자) | full package = 완벽한 상품(여자)

어제 소개팅했는데, 그 남자 진짜 괜찮은 거 같아… 몇 번 더 만나보긴 해야겠지만, 성격도 좋고, 훈남에, 학벌도 짱짱하고, 집안도 화목하고…

걘 완벽해
He's the total package

인기상품

➤ It's all sold out [다 팔렸데]

sold out = 매진, 판매 완료

야 할인가 대박이긴 하네… 이 가격이면 남는 게 있나? 근데, 우린 이거 못 사겠다…

다 팔렸데
It's all sold out

➤ It's obvious [뻔하지]

obvious = '명백한'의 의미로 회화체에선 뻔한 상황에서 당연하다는 표현을 할 때 사용

가능할 거라고 생각했어? 그거 진짜 반짝 할인 이벤트 하는데 완전 무슨 추석에 KTX 예매하는 거랑 똑같은 빛에 속도로 팔려 ㅋㅋㅋ

뻔하지
It's obvious

환불규정

➤ It’s non-refundable [환불 안 된데]

refundable = 환불 가능한 | non-refundable = 환불 불가능한

야 근데 이 상품도 나쁘진 않은데? 가격이나 상품 구성이나… 근데 한 가지 걸리는 게 있네…

환불 안 된데

It’s non-refundable

➤ We are screwed [아 젠장 x 됐네]

screwed = 망한 | ‘나사로 죈’이란 의미로 어떠한 일이 엄청 꼬여서 망했다는 표현

야 우리 그냥 자유여행 가자 내 친구 2명 더 가기로 했거든 훨씬 재밌을걸? 뭐???? 이미 패키지 상품 샀다고??? 왜? 상의도 없이 왜??

아 젠장 x 됐네

We are screwed

자유여행

➤ It’s up to you [너 편할 대로]

up to you = ‘너에게 달려있다’라는 표현으로 편할 데로 하라는 의미

일단 첫째 날은 해변가에서 놀고, 둘째 날부터 엑티비티 하는 게 어때? 내가 알아봤는데, 해변가에 그날 파티 있다고 하더라고

너 편할 대로

It’s up to you

➤ Let’s give it a go [한번 해보자]

give it a go = 해보자 | 추가표현 = Let’s give it a try

아 셋째 날부터는 그냥 현지에서 계획 세우자고? 음… 불안하긴 한데… 그래 뭐 어때?

한번 해보자

Let’s give it a go

여행 계획
준비물

리얼스토리텔링

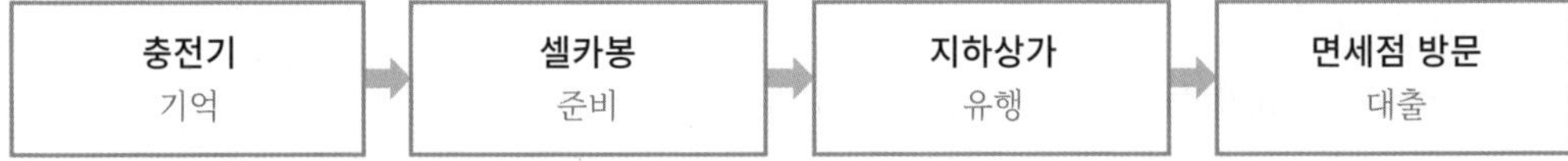

충전기

➤ Bring your phone charger [핸드폰 충전기 가져와]

charger = 충전기로 앞에 기기명을 붙여서 사용 가능

짐 잘 챙기고 있냐? 나 맨날 까먹잖아. 네가 얘기 좀 해줘 봐봐 나 뭐 더 챙겨야 하냐?

가져와	핸드폰 충전기
Bring	your phone charger

➤ I'm gonna keep that in mind [기억할게]

keep in mind = 기억하다

아 맞다!!! 까먹을 뻔했다 대박. 역시 넌 최고야 알겠어 핸드폰 충전기!

기억할게
I'm gonna keep that in mind

셀카봉

➤ How about a selfie stick? [셀카봉은?]

selfie stick = 셀카봉

야 핸드폰 사진도 다 컴퓨터에 저장하고 지우고 와. 겁네 찍어야 해, 사진 찍으러 가는 여행이니까 ㅋㅋㅋㅋ 아 참!

음…	셀카봉은?
How about a	selfie stick?

➤ I've already packed [이미 챙겼지]

packed = 챙겼어 | 추가표현 = The bar is packed(바는 사람들로 가득해)

야 날 뭐로 보고… ㅋㅋㅋㅋ

이미 챙겼지
I've already packed

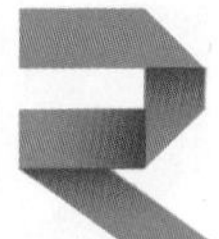

지하상가

➤ Let's do the underground shopping first [지하상가부터 돌자]

underground shopping = 지하상가 쇼핑

명동 갈 거지? 일단 면세점 들리기 전에,

하자 / 지하상가 쇼핑 먼저

Let's do / the underground shopping first

➤ It's catching on [이거 유행이야]

catching on = '잡다'의 'catch'를 사용하여 현재 유행하고 있다는 회화체 표현

야 이 드레스 너무 웃기지 않냐?

이거 유행이야

It's catching on

면세점 방문

➤ I can't live without this [이건 꼭 사야 해]

can't live without ~ = ~ 없이는 안돼(사야 해)

아… 맨날 백화점 올 때마다 이 선글라스 사고 싶었는데… 다음 달 카드회사 노예가 되더라도…

이건 꼭 사야 해

I can't live without this

➤ To be honest, I got a loan [솔직히, 나 대출받았다]

to be honest = 솔직히 | loan = 대출

너 미쳤어? 너무 생각 없이 긁는 거 아니야?

솔직히, / 나 대출받았다

To be honest, / I got a loan

여름휴가

기내상황

리얼스토리텔링

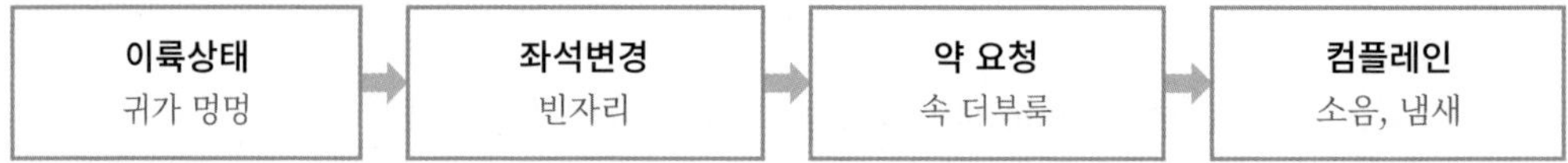

이륙상태	좌석변경	약 요청	컴플레인
귀가 멍멍	빈자리	속 더부룩	소음, 냄새

이륙상태

➤ Yeah, let's do this [오예, 이제 간다!]

do this = '이걸 하자'라는 의미로 하고 있는, 혹은 하려는 행동에 대한 다짐

손님 여러분 기다려주셔서 감사합니다. 우리 비행기는 이제 이륙하겠습니다. 좌석벨트를 매셨는지 확인해 주시기 바랍니다

오예 , 이제 간다!
Yeah, **let's** do this

➤ My ears are muffled [귀가 먹먹해]

muffled = 소리를 줄인, 소리를 낮춘

아 또 이래 (귓구멍을 파며, 침을 삼키며)

귀가 먹먹해
My ears are muffled

좌석변경

➤ Are there any empty seats? [빈자리 있나요?]

Are there~ = 막연하게 무언가가 있냐는 의문 시 사용 | empty seat = 빈 좌석

야 옆 사람들 너무 시끄럽지 않냐? 이 상태로 어떻게 10시간을 가지? 스튜어디스한테 좀 물어봐야겠다

혹시 있나요? 빈자리가
Are there **any** empty seats?

➤ I'm feeling sick [속이 안 좋아요]

흔한 표현 = I'm sick | I'm feeling = 회화체에서는 감정표현을 위해 'feel'을 자주 사용

네, 손님 사실 오늘 좌석이 조금 부족한 상황이긴 한데요, 어떤 일 때문에 그러시는지요?

속이 안 좋아요
I'm feeling sick

약 요청

➤ I feel bloated [속이 더부룩해]

bloated = 부은, 부푼 | 소화제 = Do you have any indigestion pills?
저기 죄송한데요, 혹시 소화제 있나요? 아까 밥을 너무 급하게 먹었는지…
속이 더부룩해요
I feel bloated

➤ I got the flu [감기 걸렸어]

flu = 감기, 독감 | 감기약 = Do you have any medication for this?
저기 혹시 담요 더 있나요? 그리고 혹시 가능하면 기내 온도 높이는 것도 가능한가요?
감기 걸렸어요
I got the flu

컴플레인

➤ She doesn't stop talking [겁나 시끄럽네]

한국 표현으로 '시끄럽다'의 영어표현을 배워서 여러 상황에 사용하려는 생각은 맞지 않아요
(친구에게 귓속말로) 야… 뭐냐 저 여자?
잰… 겁나 시끄럽다
She doesn't stop talking

➤ Um, it smells like shit [아 똥내 나네…]

smells like = ~같은 냄새가 나 | shit = 똥
야 너냐? 누구야?
음… 똥내 난다…
Um, it smells like shit

여름휴가

룸서비스

리얼스토리텔링

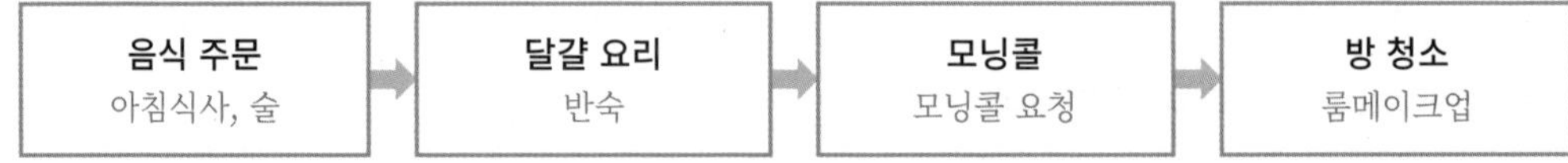

음식 주문

➤ I'd like to order English breakfast [English breakfast 주세요]

정석표현 = I'd like to order English breakfast | 실제상황 = English breakfast please?

아··· 음··· Hi, well, um···

주문하려 하는데요 English breakfast 주세요
I'd like to order English breakfast

➤ Can I have a bottle of whiskey? [위스키 한 병 주실래요?]

정석표현 = Can I have a bottle of whiskey? | 실제상황 = A bottle of whiskey please?

아··· 음··· Hi, well, um···

아 네 저기··· 위스키 한 병이요
Can I have a bottle of whiskey?

달걀 요리

➤ Sunny side up please [반숙이요]

sunny side up = '일출' 모양처럼 계란의 한 부분만 프라이 한 반숙의 상태

Ah, egg fry??

반숙이요
Sunny side up please

➤ Over easy please [반숙인데 한 번씩 뒤집어 주세요]

over easy = 양면을 살짝 익힌 프라이 | over hard = 양면을 완전 익힌 프라이

Ah, egg fry??

반숙인데 한 번씩 뒤집어 주세요
Over easy please

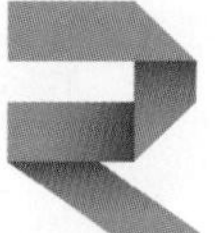

모닝콜

➤ Can I have a wakeup call at 6? [6시 모닝 콜 좀 해주세요]

wakeup call = 모닝콜 | morning call = 콩글리시

Hi, hello,

저기요…	모닝콜 좀 6시에 부탁해요
Can I have a	**wakeup call at 6?**

➤ No wait! How about 5? [아 잠시만요, 5시로 해주세요]

No wait! = 앗! 잠시만! | How about ~ = ~는 어때요?

아 아니다!

아 잠시만!	5시로 해주세요
No wait!	**How about 5?**

방 청소

➤ Can I request housekeeping? [방 좀 청소해 주세요]

request = 요청하다 | housekeeping = 하우스키핑(방 청소를 뜻해요)

Oh, hi

요청할 수 있나요?	방 청소
Can I request	**housekeeping?**

➤ I'll be out soon [곧 나가요]

be out = 나가다 | soon = 곧

Okay, thank you Oh, when?

곧 나가요

I'll be out soon

여름휴가
커피숍 영어

리얼스토리텔링

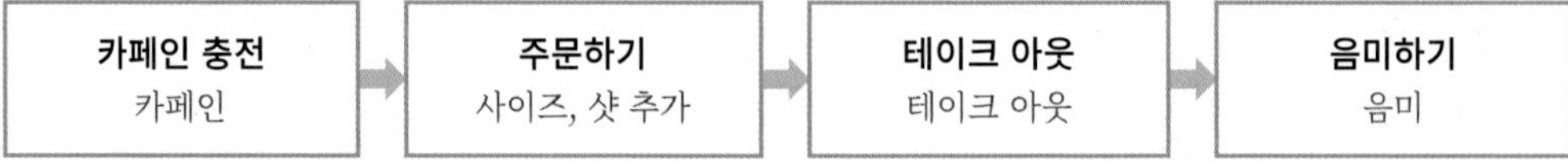

카페인 충전

➤ I feel like coffee [커피 한잔해야겠다]

I feel like = ~하고 싶다(회화체에서 많이 사용)

야 오늘 우리 뭐부터 하기로 했지? 밥 먹기 전에,

커피 한잔해야겠다

I feel like coffee

➤ I'm dying for a coffee [카페인이 필요해]

I'm dying for~ = ~가 엄청 하고 싶어 죽겠어

야 빨리 나가자. 배고파 죽겠어 근데 그 전에 잠 좀 깨야 해

으메… 나… 카페인이 필요해

God, I'm dying for a coffee

주문하기

➤ Tall size please [tall 사이즈요]

사이즈 별 = tall / grande / venti

Can I get an iced Americano please?

tall 사이즈요

Tall size please

➤ Can I get an extra shot please? [샷 추가요]

Can I get ~ = ~주세요(get 대신 have 사용 가능) | extra shot = 샷 추가

Oh wait!

음… 샷 추가요

Can I get an extra shot please?

테이크 아웃

➤ to go please [테이크 아웃이요]

to go = 테이크 아웃 | for here = 여기서 마셔요

Well…,
테이크 아웃이요
to go please

➤ Excuse me [죄송한데요]

발음에 주의 = '익스큐즈미'가 아닌 '스큐즈미'

야 근데 여기 화장실은 어디냐?
죄송한데요…
Excuse me

음미하기

➤ Yeah, this is it [아 역시… 이거지]

this is it = 감탄사(이거지…)

아…
아 역시… 이거지
Yeah, this is it

➤ This is so good [너무 좋다]

so good = 음식이 맛있다는 표현 | 흔한표현 = This is delicious

진짜 아침에 나는 항상 커피 한잔은 때려줘야 돼
너무 좋다
This is so good

여름휴가

낯선사람

리얼스토리텔링

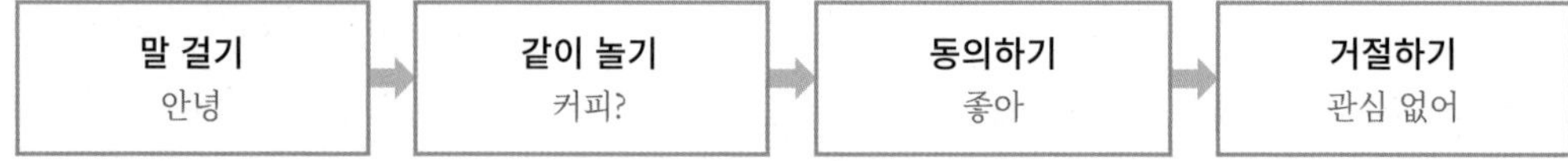

말 걸기

➤What's up [안녕]

추가표현 = What's goin' on

야 리얼영어 배운 거 써먹어야지. 걔네 좀 착해 보인다, 걔네한테 가서 좀 얘기해봐

안녕

What's up

➤How you doin'? [안녕]

추가표현 = How's it goin?

뭐야… 러시아 사람한테 말 걸었네 우리…, 야 이젠 네가 해봐 걔네…

안녕

How you doin'?

같이 놀기

➤Wanna hang out? [같이 놀래?]

hang out = 'hang'은 걸다는 뜻으로 함께 어울려 놀자는 표현

You American? Nice! I'm Korean!

같이 놀래?

Wanna hang out?

➤Want a coffee or something? [커피나 뭐 할래?]

something = 커피 아니면 다른 것

We came here yesterday. You came here alone?

커피나 뭐 할래?

Want a coffee or something?

동의하기

➤ Sounds good [그래!]

sound = '소리'란 뜻이지만, 회화체 문장에서는 '그렇게 들려, 어떻게 들려?'로 해석

Coffee? / beer?

그래!

Sounds good

➤ Yeah, why not? [그래!]

why not = '왜 안돼'라고 해석하지만, 상황에 따라 동의의 표현으로 사용 가능

Coffee? / beer?

그래!

Yeah, why not?

거절하기

➤ Sorry, not interested [미안, 관심 없어]

정석문장 = I'm not interested

Club?

미안, 관심 없어

Sorry, not interested

➤ Sorry, I have other plans [미안, 다른 약속 있어]

other plans = 다른 약속

Club?

미안, 나 다른 약속 있어

Sorry, I have other plans

여름휴가

돌아다니기

리얼스토리텔링

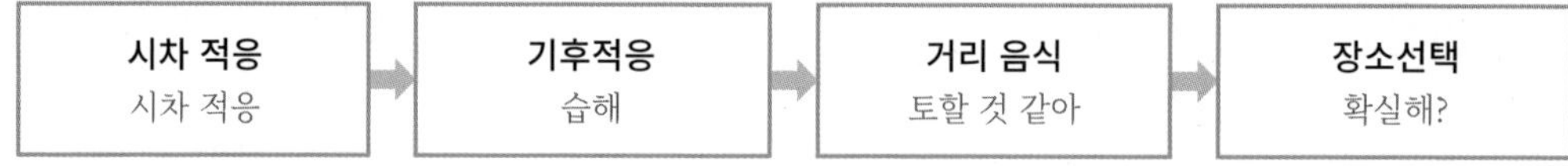

시차 적응

➤ The jet lag is killing me [시차 적응 때문에 죽겠네]

jet lag = 시차로 인한 피로감 | killing me = 죽을 만큼 힘들어

아… 야 넌 머리 안 아파? 진통제 좀 있어? 나 왜 이러냐

시차 적응 때문에	죽겠네
The jet lag is	killing me

➤ I'm done for today [야 오늘 난 끝]

I'm done = 하고 있는 행동, 관계, 사이의 끝을 나타내 주는 표현

나 진짜 쓰러질 거 같아. 내일부터 제대로 놀고 오늘은 나 호텔 들어갈래, 너희끼리 놀아

난 끝	오늘
I'm done	for today

기후적응

➤ This is too humid [너무 습하다]

humid = 습한

야 여기 뭐야… 완전 습식 사우나 같아. 날씨 왜 이러냐

너무 습해

This is too humid

➤ We are completely soaked [완전 홀딱 젖었어]

soaked = 흠뻑 젖은 | completely = 완전히

야 갑자기 무슨 비냐? 아 젠장, 우산도 없는데… 야 우리 봐봐

완전 홀딱 젖었어

We are completely soaked

거리 음식

That is just gross [토할 거 같아]

gross = 역겨운 | That is just gross = 여기의 'just'는 강조의 의미로 사용

저거 뭐야? 설마 내가 생각하는 그… 그거 아니지??? 쥐… 아니지??????????

토할 거 같아

That is just gross

Pretty much [응 거의]

pretty much = 동의할 때 자주 쓰이는 표현 | 흔한표현 = I think so

이거 우리나라 번데기랑 비슷한 맛이래. 한번 먹어봐 어때?

그렇네

Pretty much

장소선택

Right on! [오케이!]

right on = 강한 찬성과 격려를 나타내는 표현

원래 우리 여행계획에서 조금 내가 수정했거든 여기가 현지인들한테 물어보니까 진짜 괜찮은 곳이래 관광객도 없고, 가자!

오케이!

Right on!

You sure about this? [확실해?]

sure about this? = 확실하냐는 의문문 'this'는 대화하고 있는 토픽

음… 근데 내가 성격상, 검증되지 않은 일은 하지 않고, 들어본 적 없는 곳은 안 가는데…

확실해?

You sure about this?

인스타
관종

리얼스토리텔링

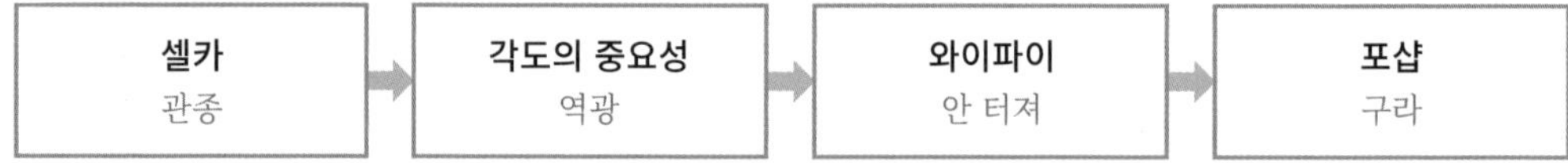

셀카	각도의 중요성	와이파이	포샵
관종	역광	안 터져	구라

셀카

➤ I'm an attention whore [나 관종이야]

attention whore = attention(주의) & whore(창녀)의 합성 단어로 '관종'

500장이 다 눌러 가서 찍은 사진이라고?? 야 넌 뭐가 어떻게 된 애가 대화를 해도, 술을 먹어도, 넌 뭐 다 기승전 사진이냐?

나… 관종이야

I'm an attention whore

➤ I was taking a selfie [셀카 찍고 있었어]

selfie = 셀카 | take a selfie = 셀카를 찍다

야 너 진짜 이럴래? 왜 그렇게 전화를 안 받았냐? 뭐 했어?

나… 셀카 찍고 있었어

I was taking a selfie

각도의 중요성

➤ It came out blurry [흐릿하게 나왔어]

blurry = 흐릿한, 모호한 | came out blurry = 흐릿하게 나왔어

아니… Jenny야… 나 여행 가서 사진만 진짜 거짓말 안 하고 한 1000장은 찍어줬잖아 그냥 아무거나 올려…

흐릿하게 나왔잖아

It came out blurry

➤ The photo was backlit [역광으로 찍혔어]

backlit = 배경에서 조명을 받는다는 의미로 '역광'

야 이거 봐봐 네가 이렇게 찍으니까 내가 계속 찍으라고 한 거잖아!

역광으로 찍혔어

The photo was backlit

와이파이

➤ I got no signal [나 와이파이 안 되는데?]

signal = 신호, 통신, WIFI

아 모야… 여기 와이파이 비번 이거 아니냐? 사진 올리려고 하는데 자꾸 와이파이 연결 안 된다고 하는데?

너 WIFI 돼? 난 안 되는데?
You got WIFI? I got no signal

➤ She's glued to her smartphone [쟨 핸드폰만 해]

glued to ~ = ~에 고정되어 있다 | Ex. glued to the TV / glued to the screen

쟨 사람 오라고 해놓고 핸드폰만 보는 건 뭔 매너냐? 여행 갔다 온 얘기 해주려고 부른 거 아니야??

쟨 눈을 떼지 않아 스마트폰에서
She's glued to her smartphone

포샵

➤ That's been photoshopped [그거 포샵이잖아]

photoshopped = 포샵 처리된

야 Jenny 인스타 봤어?? 걔 이번에 세부 놀러 갔다 온 거 같은데… 걔 원래 그렇게 몸매가 좋았어??

그거… 포샵이잖아
That's been photoshopped

➤ It's a total fake [완전 사기지]

fake = 거짓 | total = '완전히'의 의미로 강조의 표현

이게 Jean이라고?? 죽을래? 적당히 좀 해라. 이거 완전 포샵 이잖아 그리고 사진도 완전 밑에 각도에서 찍었구먼

완전 사기지
It's a total fake

인스타
해시태그

리얼스토리텔링

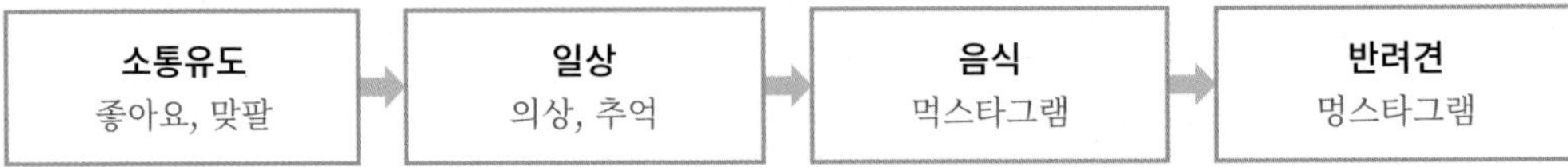

소통유도

#TFLers [좋아요]

tags for like us(ers) = 좋아요

tag(헤쉬테그)

#f4f [맞팔]

follow for follow = 맞팔

follow(따라가다)

일상

#ootd [오늘 의상]

outfit of the day = 오늘 의상

outfit(의상)

#tbt [회상]

throwback Thursday = 과거 회상

throwback(과거 회상)

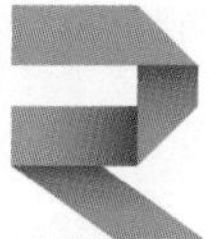

음식

#foodstagram [먹스타그램]

food + Instagram = 먹는 것을 인스타에 올린다는 합성어

#foodporn [먹음직스러움]

food + pornography
= pornography란 누드의 의미를 따서 음식의 모든 것을 보여준다는 의미

반려견

#dogstagram [멍스타그램]

dog + Instagram = 강아지를 인스타에 올린다는 합성어

#catloaf [고양이 웅크린 자세]

cat + loaf = 고양이가 웅크린 자세가 식빵 모양 같다고 하여 생긴 합성어

인스타

인스타슬랭

리얼스토리텔링

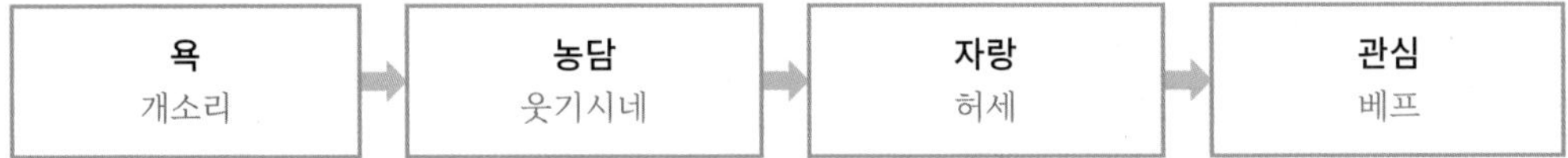

욕

➤ FML [망할 내 인생]

해석 = 내 인생이 'fuck' 같다는 의미로 많이 사용되는 욕 | 풀이 = fuck my life

야 너 맨날 이렇게 야근하는 거 보니까 성공하겠다?

망할 내 인생

FML

➤ WTF [뭔 개소리?]

풀이 = What the fuck | 추가표현 = What the hell

너 해변가에서 찍은 사진에 살짝 나온 여자 다리 뭐냐? 혼자 갔다고 하지 않았냐? ㅋㅋㅋ

뭔 개소리?

WTF

농담

➤ LMAO [개 웃기네]

해석 = 내 'ass'가 떨어져 나갈 만큼 웃기다는 표현 | 풀이 = laugh my ass out

(인스타에 본인의 엽기 사진을 투척하며,) 내가 요즘 이러고 살아

개 웃기네

LMAO

➤ JK [농담이야]

해석 = 가장 흔한 농담 표현 중 하나 | 풀이 = just kidding

(농담의 댓글을 남긴 후, 조금 마음에 걸려 그 밑에 하나의 댓글을 더 쓸 때)

농담이야

JK

자랑

➤ AKA [또는]

해석 = 본인 혹은 사물을 한 번 더 강조하고 싶을 때 사용 | 풀이 = as known as

우리 엄마 아들이에요

또는 진 쌤

AKA **진 쌤**

➤ AMA [다 물어봐]

해석 = 잘 아는 부분을 자랑하는 표현 | 풀이 = ask me anything

짬 내서 공부해서 딴 자격증!

다 물어봐

AMA

관심

➤ bestie [베프]

해석 = 친한 친구 | 풀이 = best friend

술 먹고 꽐라는 항상 이 자식과…

베프

bestie

➤ fave [젤 좋아하는 것]

해석 = 엄청 좋아하는 사물을 강조할 때 사용 | 풀이 = favorite

항상 비 올 때 신는 내 부츠. 작년부터 생각하다 드디어 올해 득템!

젤 좋아하는 것

fave

인스타
댓글 달기

리얼스토리텔링

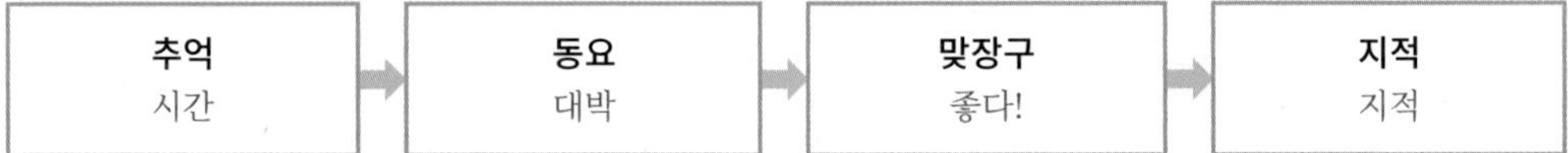

추억

➤ Time files [시간 빨리 간다]

fly = 시간이 날아가는 속도로 빠르다는 표현

(친구가 예전 친구들과 놀던 사진을 올렸을 때)

시간 빨리 간다

Time files

➤ Quality time [좋은 시간이야]

quality = 품질이 좋듯, 그만큼 좋은 시간을 보냈다는 표현

(친구들과 의미 있는 이벤트, 행사 때 찍은 사진을 올렸을 때)

좋은 시간이야

Quality time

동요

➤ That's dope [쩐다]

dope = '마약'의 의미로 그만큼 유혹적이었던 시간 | 추가표현 = that's sick

(친구가 이룬 업적의 사진을 봤을 때)

쩐다

That's dope

➤ That's nasty [아 대박]

nasty = '끔찍한'의 의미로 그만큼 기억에 남는다는 표현 | 추가표현 = that's crazy

(친구가 엽기적인 혹은 이루기 힘든 일을 해낸 사진을 봤을 때)

아 대박

That's nasty

맞장구

➤ That's classic [완전 옛날 방식이네]

classic = 현대 시대에서 편히 할 수 있는 방식을 예전의 방식으로 일궈 냈을 때 사용하는 감탄사

(공업소를 가지 않고, 본인이 직접 차를 고치는 사진을 봤을 때)

완전 옛날 방식이네

That's classic

➤ Sounds like a plan [좋은 생각이네]

plan = 단지 '계획'이 아니더라도 좋은 생각이라는 의미

(술자리를 포기하고 집으로 가는 사진을 봤을 때)

좋은 생각이네

Sounds like a plan

지적

➤ That was a typo [그거 오타야]

typo = 오타

(스펠링을 잘못 써서 놀라는 댓글을 단 친구의 댓글을 봤을 때) Ex. beach -> bitch

그거 오타야

That was a typo

➤ You are so mean [못 됐다]

mean = 짓궂은

(나름 괜찮다고 생각하여 올린 내 사진에 딴지를 거는 친구의 댓글을 봤을 때)

못 됐다

You are so mean

인스타
팔로워

리얼스토리텔링

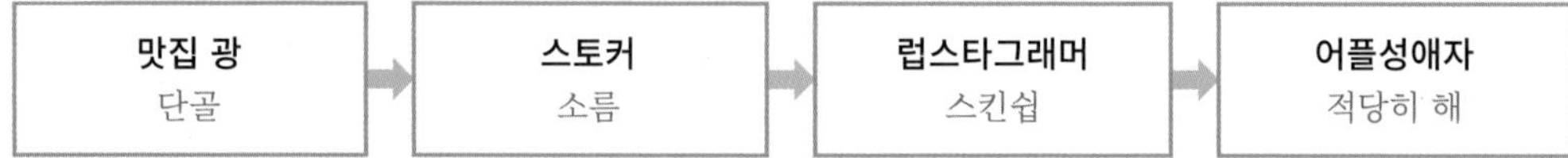

맛집 광

➤ I'm a regular here [나 단골이야]

regular = 규칙적인, 정기적인
(럭셔리한 레스토랑에서 찍은 사진을 자주 올렸는데, 친구가 자꾸 누구랑 이렇게 데이트하러 다니냐고 할 때)
나 단골이야
I'm a regular here

➤ I've lost my appetite [입맛이 없어]

appetite = 식욕
(자기 음식 다 먹어놓고 남긴 친구 음식 사진을 찍은 후 사진을 설명할 때)
입맛이 없어
I've lost my appetite

스토커

➤ This is getting creepy [진짜 소름]

creepy = 소름 돋는, 끔찍한
(친구의 비키니 사진마다 정체를 알 수 없는 외국인 회원이 정열의 댓글을 남길 때)
진짜 소름
This is getting creepy

➤ I'm sure he's stalking you [너 스토킹 하는 거야]

stalking = 스토킹
(정체를 알 수 없는 외국인 회원에 대해 카톡으로 이야기할 때)
너 스토킹 하는 거야
I'm sure he's stalking you

럽스타그래머

➤ These PDA posts are too much [적당히 좀 해라]

PDA(public displays of affection) = 스킨십
(친구의 인스타인지 친구 남친의 인스타인지 모르는 사진들만 난무할 때 남기는 댓글)
적당히 좀 해라
These PDA posts are too much

➤ This is just too much [너무 심하지 않냐?]

too much = 너무 심해
(자꾸 new feed에 뜨는 친구의 커플 사진이 진짜 이제 더 이상은 꼴 보기가 싫을 때)
너무 심하지 않냐?
This is just too much

어플성애자

➤ He is just… weird [그냥… 병신 같아]

weird = 기분 나쁘게 이상한, 께름칙한
(분명 상남자인 내 친구가 자꾸 어플로 귀요미 고양이 모습 사진 찍어서 올리는 사진에 대해 친구와 카톡 할 때)
그냥… 병신 같아
He is just… weird

➤ I knew it [그럴 줄 알았어]

knew it = 예상했던 것과 맞았던 사실이었을 때 사용
(혹시나 했더니 역시나 그가 아닌 그의 여친이 시켰을 때)
그럴 줄 알았어
I knew it

가을향기
슬럼프

리얼스토리텔링

짜증

➤Damn it! [아 젠장]

damn = 젠장 | 추가표현 = bloody hell / holy shit

아 진짜 요즘 제대로 되는 거 하나도 없네! 이러다가 정신병자 될 거 같아!

아 젠장
Damn it!

➤I don't give a damn! [뭔 상관인데?]

give a damn = '나쁨'을 주는 것을 상관치 않는다는 표현 | 추가표현 = I don't give a shit/fuck

야 너 요즘 이래저래 짜증 나는 일 많은 건 이해하겠는데… 좀 적당히 해, 아무리 그래도 너희 팀장한테까지 그런 표정 보이면 좀 그렇지 않냐?

뭔 상관인데?
I don't give a damn!

하소연

➤I'm just sick and tired of my work [지겨워 죽겠어]

sick and tired of ~ = ~에 힘들고 짜증 나고 지쳐

나도 아는데, 자꾸 컨트롤이 안 돼. 야 이게 진짜 슬럼프냐? 나 일한 지 이제 4개월인데…

난 그냥… 내 일이 짜증 나
I'm just sick and tired of my work

➤Same shit different day [맨날 똑같지 뭐]

same shit = 똑같은 일의 'shit' 사용으로 강한 표현 | different day = 다른 날이지만 매일을 의미함

야 당연히 이해하지… 오늘 한잔하면서 다 풀어. 나도 마찬가지야 근데, 뭐 있겠냐 회사생활이?

똑같아 맨날
Same shit different day

힘듦

➤ He’s having a hard time now [쟤 진짜 힘들어]

hard time = 힘든 시간(슬럼프)

(방금 술자리에 참석한 친구) 야 얘 왜 이러냐? 뭔 일 있어?

쟤 요즘…	진짜 힘들어
He’s having	**a hard time now**

➤ He must be in a slump [쟤 슬럼프 인가 봐]

in a slump = 슬럼프야

(담배 하나 피자며 방금 술자리에 참석한 친구를 데리고 나와서,) 야 쟤 건들지마 쟤 요즘 회사생활이랑 집안일 때문에 좀 그런가 봐 이해해라

쟤 분명	슬럼프야
He must be	**in a slump**

변명

➤ I didn’t do it on purpose [일부러 그런 거 아니다]

on purpose = 고의로, 일부러

야 친구끼리 왜 그러냐? 우리가 안 지가 이제 10년인데 내가 너한테 무슨 나쁜 감정 있어서 그렇게 얘기했겠냐?

그런 거 아니야	일부러
I didn’t do it	**on purpose**

➤ I acted on impulse [충동적이었어]

acted on impulse = 충동적으로 행동했어

후우… 알겠어 나도 미안 나 요즘 왜 그러는지 모르겠는데, 네가 좀 이해해라 별다른 감정은 없었고, 그냥

충동적이었어
I acted on impulse

가을향기
다툼

리얼스토리텔링

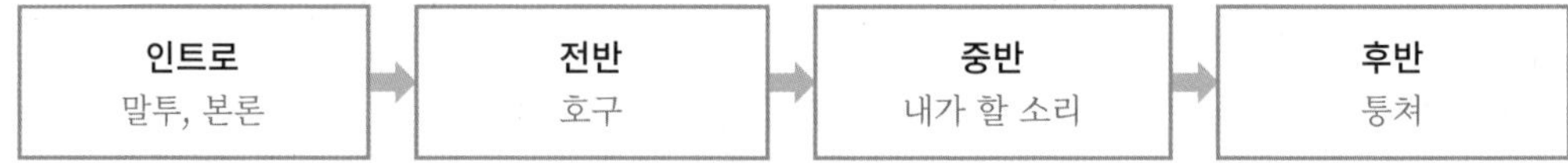

인트로

I just don't like your tone [말투가 맘에 안 들어]

tone = 어조, 말투

솔직히 말하는 건 상관없어, 그걸로 상처받거나 화나진 않아. 근데…

난 그냥…
I just

맘에 안 들어 너 말투가
don't like your tone

Cut to the chase [본론으로 들어가자]

chase = 예전 영화의 클라이맥스 부분으로, 중요한 부분만 얘기하자는 표현

아 됐고,

본론으로 들어가자
Cut to the chase

전반

Are you making fun of me? [놀리냐?]

make fun of me = 놀리다

팩트만 얘기하자고 한 거 아니냐? 왜 자꾸 비꼬는데? 불필요한 얘기 하는 이유가 뭐야?

놀리냐?
Are you making fun of me?

You think I'm a pushover? [내가 호구 같냐?]

pushover = 호구

뭐?? (상대방의 얘기를 들은 후 한 10초간의 정적 후에…)

너 있잖아…
You think

내가 호구 같냐?
I'm a pushover?

중반

➤ Those are my words [그건 내가 할 소리야]

my words = 내가 하고 싶은 이야기

너 진짜 웃긴다. 내가 얘기 꺼내니까 지금 네가 말하는 거 아니야… 야 너 좀 비겁하지 않냐?

그건 내가 할 소리 같은데?

Those are my words

➤ How the hell I know that? [그걸 내가 어떻게 아는데!]

흔한 표현 = How do I know that? | 추가표현 = How the fuck I know that?

야, 넌 지금 이 싸움에서 이기려고만 하고 있지? 왜 자꾸 내가 모르는 얘기를 하는데? 왜 나랑 관계없는 얘기를 하는데?

그걸 내가 어떻게 아는데!

How the hell I know that?

후반

➤ Let's call it even [이걸로 퉁쳐]

call it even = 서로 주고받았다고 생각하자

그래 알겠어, 아까 내가 말한 건 미안해. 근데 너도 그런 식으로 내 과거 얘기한 건 좀 아닌 거 같다

이걸로 퉁쳐

Let's call it even

➤ Be my guest [네 맘대로 해]

Be my guest = 나는 웨이터의 입장으로 나의 감정 없이 고객이 원하는 것만 해주겠다는 의미의 비꼬는 표현

아… 그래? 네가 다 시작해놓고 네가 이렇게 끝내는 거야? 내가 너 이기적인 거 한두 번 당해봐? 네 맘대로 한번 하고 싶은 거야?

네 맘대로 해

Be my guest

가을향기

상처주기

리얼스토리텔링

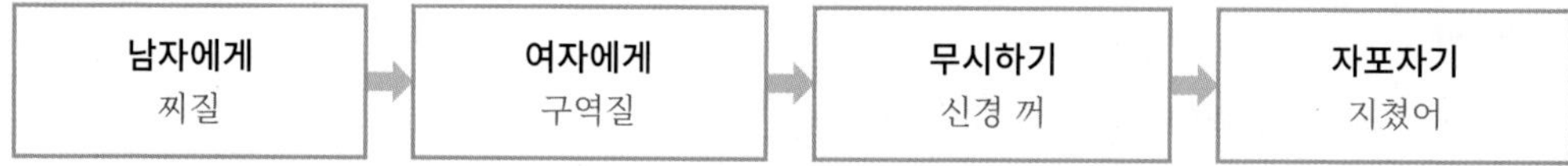

남자에게

➤ You are such a loser [넌 그냥 지질해]

loser = 지질한 놈

야 근데, 계속 얘기하다 보니까 느끼는 건데… 너 내가 생각했던 거랑 조금 다른 거 같다…

넌 그냥 지질해

You are such a loser

➤ Be a man [남자답게 행동해]

man = 한국어와 동일하게 남자답게 행동하라는 단어

네가 그렇게 생각하면 어쩔 수는 없지만, 대부분에 남자들은 이런 상황에서 그냥 넘어가, 있잖아, 좀…

남자답게 행동해

Be a man

여자에게

➤ You make me sick [정말 피곤한 애다 너]

make me sick = 'sick'을 피곤하단 의미로 회화체에서 표현

아 진짜… 야 지금 우리 어제 일을 얘기하고 있는 거잖아. 왜 2년 전 일을 또 꺼내서 지치게 만드는데… 그거 다 우리 이해하고 끝낸 일이잖아

너 진짜 정말 돌게 만든다…

You make me sick

➤ You are just a bitch [넌 그냥 나쁜 x이야]

bitch = '나쁜 년'이란 여자를 비하하는 욕

대박이다 너… 너 지금 우리 싸움에서 내 가족까지 끌어드리는 거야? 너 진짜 이 정도로 나를 무시하는 거니?

넌 그냥 나쁜 x이야

You are just a bitch

무시하기

None of your business [신경 꺼]

business = 회사의 업무가 아닌, 본인의 상황 혹은 상태

야, 너랑 커플이긴 하지만 내가 하는 일까지 네가 이래라저래라 할 건 아닌 거 같은데?

신경 꺼

None of your business

That's all you got? [그게 다냐?]

got = 말다툼에서 받아칠 때 하는 말

너 진짜 화나니까 별말을 다 한다? 근데… 그게 네가 할 수 있는 최고의 공격이냐? 그래?

그게 다냐?

That's all you got?

자포자기

I'm fed up [지쳤다 그만하자]

fed up = 지긋지긋한

아 됐다 진짜… 우리 지금 1시간째 이 얘기하고 있잖아… 진짜 정신 건강에 안 좋은 거 같다

지쳤다… 그만해

I'm fed up

Whatever [그러거나 말거나]

whatever = '무엇이든'의 의미지만 싸울 때는 다른 의미 (무시하는 말투)

(상대방이) 아니? 뭘 그만해? 더 얘기해야 하는데? 네가 잘못했는데?

그러거나 말거나

Whatever

가을향기
사과하기

리얼스토리텔링

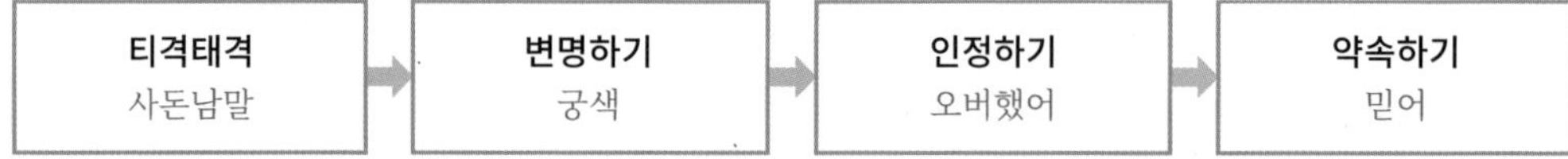

티격태격	변명하기	인정하기	약속하기
사돈남말	궁색	오버했어	믿어

티격태격

➤ Don't get me wrong [오해하지마]

wrong = 틀린, 아닌 이란 뜻으로 오해하지 말라는 표현

이건 다른 얘기긴 한데, 아 근데,
오해하지마
Don't get me wrong

➤ Look who's talking [사돈 남 말하네]

look = 누가 이야기 하는지 보라는 이야기 즉, 이야기 하는 상대가 틀린 얘기를 하고 있다는 상황

웃기시네
사돈 남 말하네
Look who's talking

변명하기

➤ Don't make excuses [변명하지마]

excuse = 변명

네가 지금 하는 행동 있잖아… 없어 보이지 않냐? 그냥 솔직하게 얘기해도 되는데?
변명하지마
Don't make excuses

➤ That's a lame excuse [너무 궁색하지 않냐?]

excuse = 변명 | lame excuse = 궁색한 변명

진짜 대박이다 너… 내가 네가 한 일을 모르고 있을 거라고 생각하는 거야? 그냥 미안하다고 한마디면 되는데… 자존심이냐?
너무 궁색하지 않냐?
That's a lame excuse

인정하기

➤ I got carried away [내가 오버했어]

got carried away = 오버했어 / 너무했어 / 지나쳤어

생각해 보니까 너 말이 맞는 거 같네… 자기합리화하려는 내 성격이 또 나왔나 봐 그래 알았어 인정할게

내가 오버했어

I got carried away

➤ I took it for granted [당연하다고 여겼어]

take it for granted = 당연하게 여겨

그래 알겠어 내 잘못 인정할게 근데, 사실 난 내가 그렇게 행동한 건… 솔직히…

당연하다고 여겼어

I took it for granted

약속하기

➤ You can count on me [믿어도 돼]

count on me = 믿어도 돼

앞으로는 안 그럴게 항상 똑같은 실수한 거 인정하는데, 이제 진짜 느꼈어…

믿어도 돼

You can count on me

➤ I give you my word [약속해]

my word = 내 약속

진짜야~ 오늘 다툼 진짜 기억하고 다신 안 그럴게

약속해

I give you my word

가을향기

우정확인

리얼스토리텔링

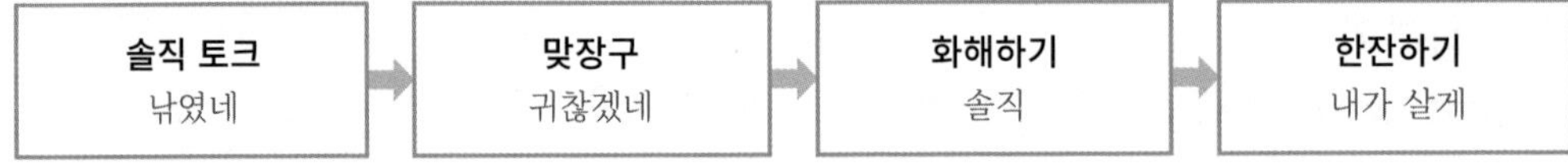

솔직 토크

➤ I fell for it [거기에 낚였네]

fell for it = 넘어갔어

참나… 아니 그런 이유가 있었으면 얘기를 했었어야지… 너도 참… 알겠어

거기에 낚였네

I fell for it

➤ I didn't see that coming [이럴 줄은 몰랐네]

see that coming = 그게 올 줄은 몰랐네

야 … 오늘 뭐 진실 게임하냐? 네가 이렇게 나오면 내가 너무 미안하잖아

이럴 줄은 몰랐네

I didn't see that coming

맞장구

➤ That's a drag [귀찮겠다]

drag = '끌고 가다'란 의미로 귀찮다는 표현

걔가 널 그렇게 귀찮게 했어? 참나… 그럼 말을 하지… 걘 왜 그랬냐? 너 그동안 정말 힘들었겠다

귀찮겠네

That's a drag

➤ That is brutal [대박이네…]

brutal = 끔찍한, 잔혹한

그렇게 힘들게 살았다고?? 그걸 다 참으면서 살았어? 아니 사람이 어떻게 그렇게 무시를 할 수가 있어?

대박이네…

That is brutal

화해하기

➤ I didn't mean to hurt you [진심은 아니었어]

didn't mean = 여기서 'mean'은 고의가 아니었음의 표현

얘기 들어보니까 내가 너무 했었네… 그래도 내 마음 알지?
진심은 아니었어
I didn't mean to hurt you

➤ That's not what I meant [진심은 아니었어]

not what I meant = 여기서 'mean'은 고의가 아니었음의 표현

아까 내가 얘기한 거 상처받았으면 진심으로 사과할게 난 진짜 그런 일이 있었는지는 몰랐었어
진심은 아니었어
That's not what I meant

한잔하기

➤ Let's go for a drink! It's on me [한잔하자 내가 살게]

It's on me = 'on me'란 나에게 있다는 뜻. 즉, 내가 살게라는 의미

알겠어, 야 우리 여기서 이러지 말고 어디 좀 가자. 너 지금 시간 한가하잖아
한잔하자
Let's go for a drink!
내가 살게
It's on me

➤ Yeah, why not? [그려 알겠어]

Why not? = '왜 안돼?'라는 의미지만 동의의 표현

그러니까 좀 사람 말을 끝까지 들으라고! 알겠냐? 나 오늘 뭐 시간이야 있지,
그려~
Yeah, why not?

추석

추석문화

리얼스토리텔링

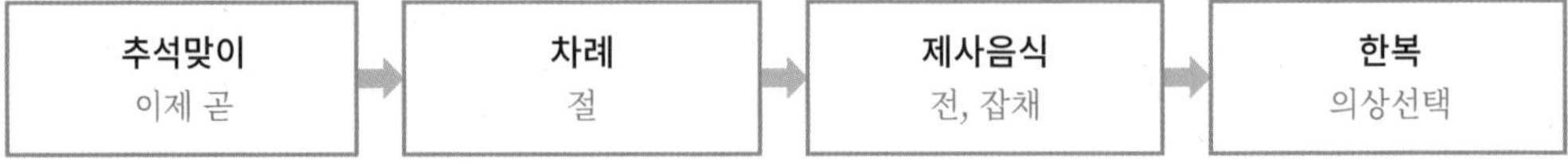

추석맞이

➤ It's Korean Thanksgiving Day [추석이야]

Thanksgiving Day = 추수감사절

날씨 쌀쌀해지기 시작한다… 어떻게 딱 이 시점부터 으슬으슬해지냐 신기하게?

이제…	추석이야
It's	Korean Thanksgiving Day

➤ It's around the corner [이제 곧 이야]

around the corner = 코앞이야

우리 여름휴가 다녀온 게 엊그제 같은데 이제 10월이야?? 추석이 언제더라?

이제…	곧 이야
It's	around the corner

차례

➤ We have a memorial service [우린 차례를 지내]

a memorial service = 차례 | 추가단어 = ancestors(조상)

우린 큰집이 경주거든… 근데 추석 전날에 꼭 다들 모여야 해. 뭔 말인지 알지??

우린 지내	차례를
We have	a memorial service

➤ Let's bow to the elders [절하자]

bow = 절하다 | elders = 손윗사람

자 다들 준비됐니?

자~	절하자
Let's	bow to the elders

제사음식

➤ I love Korean pancakes with *Makgoli* [전은 막걸리랑이지]

Korean pancakes = 전(딱히 번역할 수 없는 단어이므로, 한국식 pancake으로 해석)

난 진짜 설날 음식보다 추석 음식이 훨씬 좋은 거 같아. 나 완전 호박전 킬러거든… 막걸리도 좀 가져와 봐

난 전이 좋아	막걸리랑 함께
I love Korean pancakes	with *Makgoli*

➤ The noodle dish is my favorite [잡채는 내 꺼]

noodle dish = 잡채(딱히 번역할 수 없는 단어이므로, noodle dish로 해석)

난 진짜 잡채가 제일 대단한 거 같아… 아니 이거 만드는 데 시간도 엄청 걸릴 것 같고, 암튼 최고야 잡채는

잡채는	내 것!
The noodle dish	is my favorite

한복

➤ I used to wear a traditional Korean outfit [예전에 한복 입었었지]

used to ~ = ~하곤 했었어 | traditional Korean outfit = 한복

난 사실 한복은 한 번도 안 입어봤어… 알잖아 나 뉴질랜드 살다 온 거…

난 입었었지	한복을
I used to wear	a traditional Korean outfit

➤ I just wear something casual [그냥 편하게 입어]

something casual = 편한 의상

그럼 넌 뭐 입고 제사했는데? 뉴질랜드에서도 제사했었어?

난 그냥 입어	뭔가 편한 거
I just wear	something casual

추석

귀향길

리얼스토리텔링

주유소

➤ Fill her up [가득 이요]

Fill her up = 'fill up'은 '채우다'라는 뜻이며 차를 '그녀' 비유함

어서 오십시오. 얼마나 넣어 드릴까요?

가득 이요

Fill her up

➤ 50 bucks plz [50불이요]

buck = '1 dollar'의 표현으로 회화체에서 항상 사용되는 돈 관련 슬랭

어서 오십시오. 얼마나 넣어 드릴까요?

50불이요

50 bucks plz

고속도로

➤ Take the left lane [왼쪽 차선 타]

lane = 차선(흔히들 '선'을 'line'이라 하지만 차선은 'lane'이란 단어를 사용)

야 이쪽 외부로 빠지는 차선 아니야? 너무 막힌다

왼쪽 차선 타

Take the left lane

➤ Good job [잘했어]

job = '직업'의 단어이지만 훌륭한 일을 해냈다는 표현

오오 맞네. 왼쪽 타길 잘했다

잘했어

Good job

짜증

➤ I keep hitting the red light [계속 신호 걸리네]

hit the red light = 빨간 신호에 걸리다
아 오늘 진짜 운 하나도 없는 거 같다. 그치?
계속 신호 걸리네
I keep hitting the red light

➤ Let's take a detour [야 돌아가자]

detour = 우회로
네비로는 계속 고속도로 타고 가라고 하는데… 이 상태로 가면 2시간은 더 걸려. 그냥 외곽으로 빠져서 가는 건 어때?
야 돌아가자
Let's take a detour

실랑이

➤ I got into a confrontation [실랑이가 있었어]

confrontation = 대립, 실랑이 | get into a confrontation = 실랑이를 벌이다
야 왜 이렇게 늦게 도착했어? 예정보다 한 30분은 늦었는데… 무슨 일 있었어?
실랑이가 있었어
I got into a confrontation

➤ It was in my blind spot [사각지대였어]

blind spot = 사각지대
아니… 끼어들려고 하는데 자꾸 빵빵거리잖아. 약간 내 잘못이 있긴 했는데, 옆 차선에 있는지 몰랐어
사각지대였어
It was in my blind spot

추석
친척스타일

리얼스토리텔링

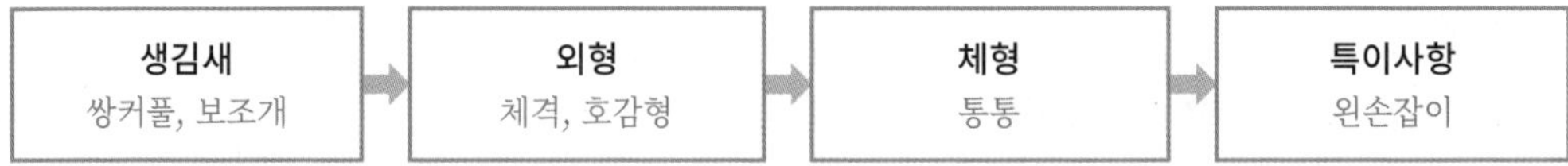

생김새

➤ She has double eyelids [쌍꺼풀이 있어]

double eyelids = 쌍꺼풀 | 단, 외국에서는 그렇게 관심을 가지지 않아요

야 우리 '박' 씨 집안에서 Kerry 보면 참 특이해. 걔만 눈이 크잖아
쌍꺼풀이 있어
She has double eyelids

➤ He has dimples [보조개가 있어]

dimple = 보조개

너 우리 누나 아들 봤어? 엄청 예쁘지 않냐? 다른 건 둘째치고 진짜 웃을 때 미칠 것 같아
보조개가 있어
He has dimples

외형

➤ He's well-built [체격이 좋아]

well-built = '잘 건설된'이란 의미로 체격이 좋다는 표현

Paul도 보면 참 운동을 열심히 하는 것도 아닌데 타고 난 건지. 삼촌 아들 같지 않아 그치 않냐?
체격이 좋아
He's well-built

➤ He's cute / She's hot [호감형이지]

흔한 표현 = He/she has a likable appearance

둘째 삼촌 애들 보면 진짜 유전자가 다른 건지… 성형도 안 했다고 하지 않았냐? 타고났네…
호감형이야
He's cute / She's hot

체형

➤ He's a bit chubby [좀 통통해]

chubby = 통통한 | a bit = 조금

Kevin??? 걔 뚱뚱하진 않아

좀 통통해

He's a bit chubby

➤ He's got a beer belly [맥주 배가 좀 나왔지]

beer belly = 맥주를 마셔서 나온 배

Ryan 봐봐. 몸매도 날씬하고 키도 큰데 저 나이에 배가 저렇게 나왔냐? ㅋㅋㅋ

맥주 배가 좀 나왔지

He's got a beer belly

특이사항

➤ I'm losing my hair [나 머리가 빠지고 있어]

lose my hair = 머리가 빠지다

할아버지랑 우리 아버지도 소갈머리가 없잖냐… 나 이제부터 고민 좀 해야 해… 나 요즘 조금씩…

나 머리가 빠지고 있어

I'm losing my hair

➤ She's left-handed [걔 왼손잡이야]

left-handed = 왼손잡이

그거 아냐? 나 Kirsty랑 밥 먹을 때 항상 자리에 앉았다고 다시 자리 바꾸는 거?

걔 왼손잡이야

She's left-handed

추석

주고받기

리얼스토리텔링

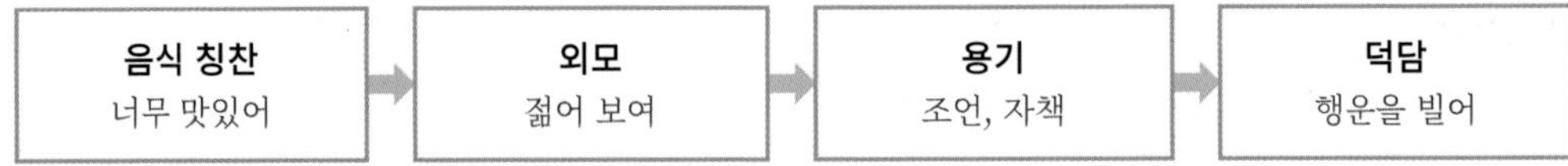

음식 칭찬

➤ Try this one too [이것도 먹어봐]

try ~ = '~을 시도해'의 뜻으로 현 상황에서는 음식을 먹어보라는 표현

잘 먹네… 아니… 너희 엄마는 너 굶기냐? 무슨 피죽도 못 먹은 놈처럼 먹는 겨~

이것도 먹어봐

Try this one too

➤ So good [너무 맛있어]

흔한 표현 = It's delicious | 회화표현 = so good

이모! 나 한 그릇만 더 주라

너무 맛있어

So good

외모

➤ You look young for your age [너 진짜 동안이다]

look young for your age = 동안이다

아니… 네가 올해 30이라고???

너 진짜 동안이다

You look young for your age

➤ You could pass as twenties [20대라 해도 믿겠다]

could pass as twenties = 20대라 해도 통과하겠다라는 뜻으로 젊어 보인다는 표현

올해 Jack이 35라고??? 에이… 말도 안 돼

20대라 해도 믿겠다

You could pass as twenties

용기

Take my advice [조언 잘 받아드려]

advice = 충고

무작정 아무 회사나 들어가려고 하지 말고, 시간이 조금 걸리더라도 네가 진짜 하고 싶은 걸 찾아야 해… 나중에 가서 정말 후회할 수도 있잖아…

내 말 들어
Take my advice

Stop beating yourself up [그만 자책해]

beat someone up = '누군가를 때리다'의 뜻이지만 여기선 본인 자신을 자책하지 말라는 표현

뭘 그렇게 한숨을 쉬냐? 그런 거로 자기합리화 시키지 말고 또 남들이 뭐라 하는 것도 신경 쓰지 말라고

그만 자책해
Stop beating yourself up

덕담

I wish you luck [행운을 빈다]

wish you luck = '행운을 빈다'라는 표현으로 알아두고 있으면 유용한 표현

다 잘 될 거란 얘기는 너무 너도 많이 들었잖아? 그 말보단, 난 이렇게 말하고 싶다 넌 잘할 거야 다른 걸 믿지 말고 널 믿어

행운을 빈다
I wish you luck

I'll keep my fingers crossed [잘 되길 빌게]

keep my fingers crossed = '잘 되길 빌게'라는 표현으로 알아두고 있으면 유용한 표현

항상 응원하고 있으니까 궁금하거나 답답한 거 있으면 연락해

잘 되길 빌게
I'll keep my fingers crossed

추석

추석혼밥

리얼스토리텔링

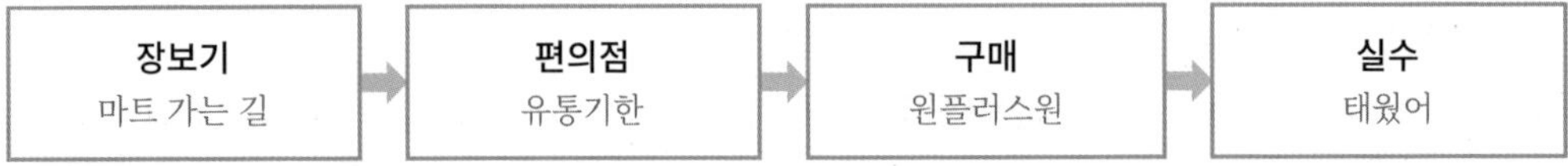

장보기	편의점	구매	실수
마트 가는 길	유통기한	원플러스원	태웠어

장보기

➤I'm going to the grocery store [나 마트 간다]

grocery store = 마트

야 추석인데 혼자 집에서 뭐 하냐?? 브런치나 같이 할래?

나 간다	마트
I'm going	to the grocery store

➤I'm on my way to the grocery store [나 마트 가고 있는데?]

on my way to ~ = ~를 가는 길

에이… 조금만 일찍 전화하지…

나 가고 있는데?	마트
I'm on my way	to the grocery store

편의점

➤I'll try the convenience store [편의점 가볼게]

convenience store = 편의점 | go(가다)의 표현보다 보다 더 회화체스러운 동사는 try(시도하다)

집 앞에 슈퍼라서 없나?? 흠… 알겠어

가볼게	편의점
I'll try	the convenience store

➤Check the expiry date [유통기한 확인해]

expiry date = 유통기한

편의점이라고 다 믿으면 안 된다… 게네 오래된 상품들 앞으로 빼놓는단 말이야. 그냥 사지 말고…

확인해	유통기한
Check	the expiry date

구매

Get me a 6-pack of beer [맥주 식스팩 사와]

6-pack of beer = 6개의 맥주캔 모양이 복근의 모양과 비슷하여 생긴 말

또 음식만 사 오지 말고… 술도 좀 사와 아 참 요즘 하*네* 세일 하던데,
맥주 식스팩 사와
Get me a 6-pack of beer

It's buy one, get one free [원플러스원이네]

buy one, get one free = 한국의 '원플러스원'의 의미 즉, '원플러스원'은 콩글리시

오 득템!!
원플러스원이네
It's buy one, get one free

실수

I've burned it [다 태웠어…]

burned it = 태워 버렸다 | I'm burnt out = 운동을 열심히 해서 힘이 다 빠졌다는 표현

아 젠장… TV보다가 깜빡했네…
다 태웠어…
I've burned it

I want a home-cooked meal [집밥 먹고 싶다]

home-cooked meal = 집밥

아 진짜… 음식도 다 태우고… 역시 혼밥에겐 치킨과 짜장면뿐이로구나… 후우…
집밥 먹고 싶다
I want a home-cooked meal

각종 소식

결혼 전 파티

리얼스토리텔링

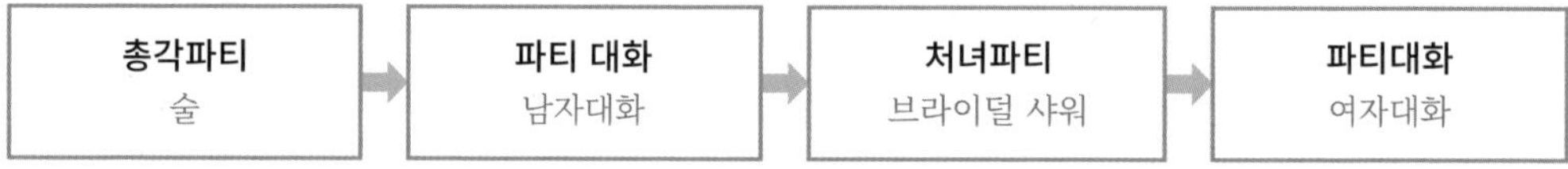

총각파티	파티 대화	처녀파티	파티대화
술	남자대화	브라이덜 샤워	여자대화

총각파티

➤ You going to Jean's bachelor party? [너 Jean 총각파티 가?]

bachelor party = 총각파티

야 단톡방 확인했지? Jean이 오늘 밤에 자기 결혼 전에 총각파티 하자고 했잖아?

너 갈 거야? Jean 총각파티

You going to Jean's bachelor party?

➤ I think I drank too much booze [술을 너무 많이 마셨어]

booze = 술을 표현하는 또 다른 단어

그러게… 가야 하긴 하는데… 근데 나 어제 회식 있었잖아…

내 생각에 나 너무 마셨어 많이 술을

I think I drank too much booze

파티 대화

➤ Let's have a man to man bro! [남자 얘기 좀 하자]

have a man to man = 남자 얘기 하자 | bro = 'brother'의 줄임말

야야 좀 여친 얘기랑 일 얘기 좀 하지 말고, 우리 얘기 좀 하면서 놀면 안 되냐?

남자 얘기 좀 하자!

Let's have a man to man bro!

➤ Just kill it [한잔해]

just kill it = 쓸데없는 얘기 하지 말고 원샷 하자는 표현 | 추가표현 = bottoms up!

오늘은 그냥 딴 생각하지 말고 죽자

한잔해

Just kill it

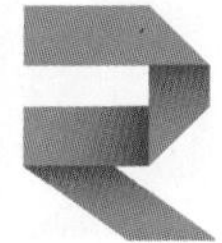

처녀파티

➤ I'm so worried about my bridal shower [브라이덜 샤워 걱정돼]

bridal shower = 처녀파티(브라이덜 샤워) | I'm so worried about ~ = ~에 대해 걱정하다
10명 정도 초대했는데… 안 오면 어떻게 하지?? 사진 엄청 찍고 해야 하는데…
난 걱정 돼 내 브라이덜 샤워가…
I'm so worried about my bridal shower

➤ This is awkward, hurry up! [어색해~ 빨리해!]

awkward = 뻘쭘한
뭐야 선물 주는데 저 울려는 표정은?? 야 안 어울려…
어색해… 빨리해!
This is awkward, hurry up!

파티 대화

➤ Oh my god [어머, 웬일이야, 어떻게 해…]

Oh my god = 여자들의 추임새로 하루에도 수십 번을 사용할 수 있는 여자들의 단골 추임새
야 나 유학 간다 / 나 저번 주에 남친한테 프러포즈 받았다 / 나 가방 질렀다 / 나 5킬로 빠졌어…
어머, 웬일이야, 어떻게 해…
Oh my god

➤ Shut up [말도 안 돼, 대박, 진짜?]

shut up = 여자들의 추임새로 하루에도 수십 번을 사용할 수 있는 여자들의 단골 추임새
나 전에 그 썸남이랑 만난다 / 나 Jean이랑 어제 드디어 헤어졌다 / 나 그 자식한테 연락 왔어 / 나 다음 주에 코 성형하려고
말도 안 돼, 대박, 진짜?
Shut up

각종 소식

결혼식

리얼스토리텔링

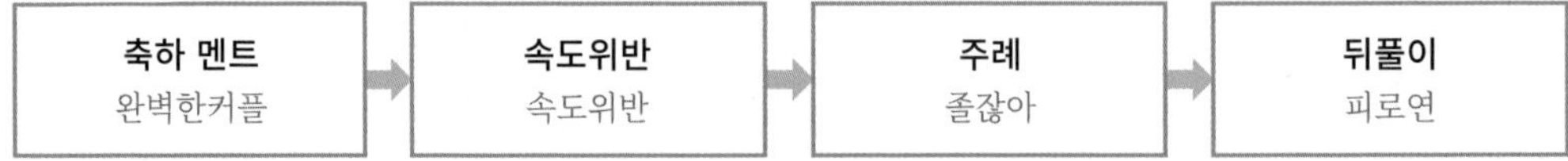

축하 멘트

➤ You guys are finally tying the knot! [드디어 결혼하는구나]

tie the knot = 결혼하다
이야… 이제야 좀 실감이 나네…
드디어 결혼하는구나
You guys are finally tying the knot!

➤ You two are the perfect match [진짜 완벽한 커플이야]

perfect match = 완벽한 커플
너희 사귈 때도 다들 말했던 거지만… 진짜 잘 어울려 너희 둘
진짜 완벽한 커플이야
You two are the perfect match

속도위반

➤ It's a shotgun wedding [걔네 속도위반이야]

shotgun wedding = 어쩔 수 없이 임신 때문에 하는 결혼
걔네 스토리 알지? 만난 지 4개월밖에 안 됐는데 결혼하잖아
걔네 속도위반이야
It's a shotgun wedding

➤ Now I get it [이제 알겠다]

get it = 이해한다는 의미
아 대박 진짜?? 대단하네… 이제야 궁금증이 좀 풀리네… 그렇게 결혼 안 한다던 지지배가…
이제 알겠다
Now I get it

주례

➤The sermon is too long [주례가 너무 길어]

sermon = 주례

주례 보시는 분 누구야?? 소설 읽으시는 거야? 도대체 언제 끝나냐…

주례가 너무 길어

The sermon is too long

➤Look, everyone is dozing off [봐봐, 다들 졸아]

doze off = 졸다

미치겠다 이 주례… 우리 밥 먹고 오면 안 돼? 안 그러면 나 여기서 그냥 잠들 것 같아

봐봐, 다들 졸아

Look, everyone is dozing off

뒤풀이

➤You coming to the wedding reception? [뒤풀이 오지?]

wedding reception = 피로연 | 추가표현 = after party

너 지금 약속 있다고? 아 진짜? 이따 6시에 다시 올 거 아니야?

뒤풀이 오지?

You coming to the wedding reception?

➤He is such a party pooper [쟤 있으면 파티 망칠 텐데…]

party pooper = 파티를 망치는 사람

뭐라고?? Joe가 온다고?? 음… 갑자기 뒤풀이 가기 싫어진다…

쟤 있으면 파티 망칠 텐데…

He is such a party pooper

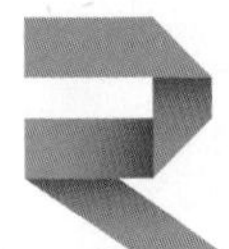

각종 소식

하객스캔

리얼스토리텔링

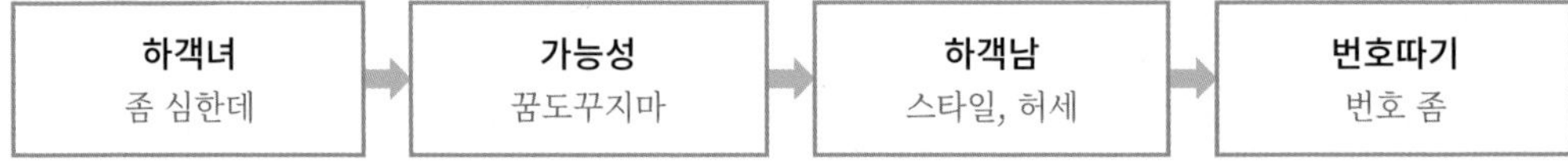

하객녀

➤ She's so adorable [저 여자 대박]

adorable = 귀여운, 예쁜, 사랑스러운 | 추가표현 = beautiful / gorgeous / cute
야야야 쟤 봐봐 9시 9시
저 여자 대박
She's so adorable

➤ That is a little too much [좀 심한데?]

a little too much = 의상, 화장이 조금 심할 때 사용하는 표현
저 검은 드레스 입은 여자 말하는 거지? 야 결혼식인데 너무 타이트한 거 입고 온 거 아니냐?
좀 심한데?
That is a little too much

가능성

➤ She is good enough for you [너랑 잘 어울리네]

good enough for you = 잘 어울리다
쟤 신부 측 친구 맞지? 내가 Jean한테 한번 물어볼까? 소개해달라고?
너랑 잘 어울리네
She is good enough for you

➤ She is out of your league [야 쟨 꿈도 꾸지 마라]

out of your league = 본인이 감수할 수 없는 상대
음… 정신 차려
야 쟨 꿈도 꾸지 마라
She is out of your league

하객남

➤ I like his style [쟤 스타일 괜찮다]

호감이 있다는 전달을 할 때 편하게 사용할 수 있는 표현

Jean 친구 중에 저런 애가 있었어? 깔끔하네… 아주 깔끔해

쟤 스타일 괜찮다

I like his style

➤ Stop showing off [허세 좀 그만 떨라 그래]

show off = 허세를 떨다

(친구에게 귓속말로) 쟤네 왜 우리 테이블 와서 자꾸 저러고 있는데? 그리고 차 키는 왜 꺼내 놓는 건데?

허세 좀 그만 떨라 그래

Stop showing off

번호따기

➤ Can I have your number? [번호 좀 알려줄래요?]

추가표현 = Can I have your digits?

이따가 뒤풀이 가세요? 뒤풀이 장소가 좀 멀어서 저희 차로 이동하시는 건 어때요? 그래서 말인데…

번호 좀 알려줄래요?

Can I have your number?

➤ Um, how about no [아니요, 괜찮아요]

How about ~ = ~건 어때요?

아…

아니요, 괜찮아요

Um, how about no

각종 소식

장례식

리얼스토리텔링

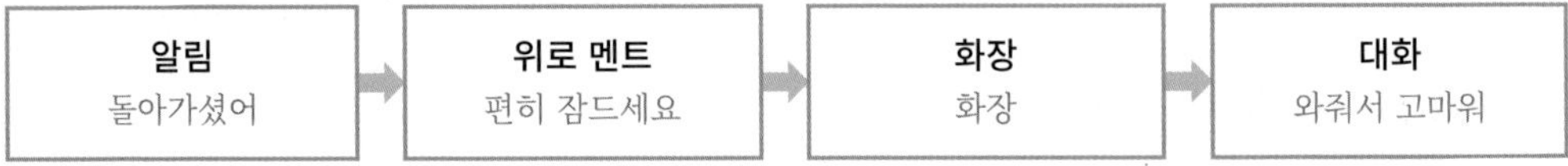

알림

➤ He passed away last night [어젯밤에 돌아가셨어]

pass away = 돌아가시다

카톡으로 온 부고 소식 들었지? Jamie 할아버지…

어젯밤에 돌아가셨어

He passed away last night

➤ It's his granpa's funeral [할아버지 장례식이야]

funeral = 장례식

응 맞아, 돌아가셨데 어젯밤에… 이따가 같이 갈래?

할아버지 장례식이야

It's his granpa's funeral

위로 멘트

➤ I'm sorry for your loss [애도를 표합니다]

loss = '손실'의 뜻으로 돌아가신 분을 뜻함

안녕하세요… Jamie 친구 Jean이라고 합니다

아이고… 어떻게 해요…

I'm sorry for your loss

➤ May he rest in peace [편히 잠드세요]

rest in peace = 평화 속에서 편히 쉬시라는 표현

…(속으로)

편히 잠드세요

May he rest in peace

화장

➤ He was cremated [화장하셨어]

cremate = 화장하다 | cremation = 화장

발인 잘 다녀왔어?
화장하셨어
He was cremated

➤ He was buried [묘 세우셨어]

was buried = 묘를 세우셨다

발인 잘 다녀왔어? 화장하셨니?
묘 세우셨어
He was buried

대화

➤ How are you holding up? [잘 버티고 있지?]

holding up = 버티다

Jamie! 밖에 애들 다 와있어 잠깐 나와
잘 버티고 있지?
How are you holding up?

➤ Thanks for coming [와줘서 고맙다]

for coming = 와줘서

어 그래 다들 왔네 그래도 친구가 짱이네
와줘서 고맙다
Thanks for coming

각종 소식
해고

리얼스토리텔링

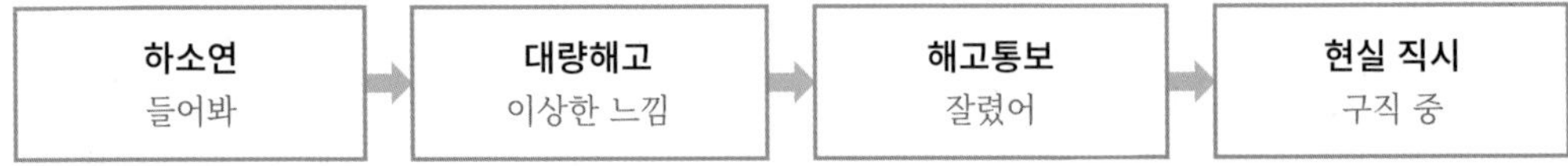

하소연	대량해고	해고통보	현실 직시
들어봐	이상한 느낌	잘렸어	구직 중

하소연

➤ Hear me out [들어 봐]

Hear me out = 하고 싶은 이야기를 들어달라고 간청하는 듯한 표현

야 지금 시간 좀 있냐? 나 좀 심각한 일이 생겼어

들어봐
Hear me out

➤ I'm all ears [어 괜찮아, 얘기해봐]

all ears = '모든 귀'는 집중하고 얘기를 들을 준비가 되어 있다는 표현

아 그래?? 어 지금 괜찮아, 무슨 일인데?

어 괜찮아, 얘기해봐
I'm all ears

대량해고

➤ I don't feel good [느낌이 이상해]

feel good = '기분이 좋다'는 뜻으로 이 상황에서는 느낌이 이상하다는 표현

있잖아, 어제 인사팀 동기한테서 들은 얘긴데, 우리 부서가 없어질 수도 있다는 얘기를 하던데… 넌 들은 거 없어?

느낌이 이상해
I don't feel good

➤ There will be a big layoff [대량해고가 있을 거야…]

layoff = 해고 | There will be ~ = ~이 있을 예정이야

나도 솔직히 그런 얘기를 듣긴 했는데… 아직 확실하지 않아서 너한테 얘기를 해야 하나 말아야 하나 하고 있었거든

있을 거야 조만간 — 대량해고가…
There will be — a big layoff

해고통보

➤ I was fired [나 잘렸어]

I was fired = 해고당했어 | 추가표현 = I was laid off

야… 진짜 어이가 없다… 나 이제 어떻게 하냐… 대량해고 소식이 맞았네… 지금 방금 인사팀에서 전화 왔어…

나 잘렸어

I was fired

➤ What the heck? [뭐가 어째?]

너무 놀라서 할 말을 잃었을 때 사용하는 표현 | 추가표현 = What the fuck?(욕을 섞어 더 강한 표현)

뭐??? 이렇게 빨리? 이게 말이 돼?? 아니 아무리 인턴이라도 이렇게 하는 게 말이 돼??

뭐가 어째?

What the heck?

현실 직시

➤ Now, I'm between jobs [이제 난 다시 구직 중 상태다]

between jobs = 구직 중

뭐 어쩌겠냐? 내가 힘이 있냐? 나가라면 나가야지… 그냥 빨리 현실 직시하는 게 정신건강에 나아

이제 난 다시 구직 중 상태다

Now, I'm between jobs

➤ Things happen but, we gotta move on [뭐 어쩌겠어, 다시 해야지]

things happen = 사건들은 일어난다 | we gotta move on = 그래도 움직여야 한다

(소주 한잔하며…) 그래… 더럽고 치사하지만…

뭐 어쩌겠냐 이게 인생인데… 그래도 다시 해야지

Things happen but, we gotta move on

크리스마스 시즌

리얼스토리텔링

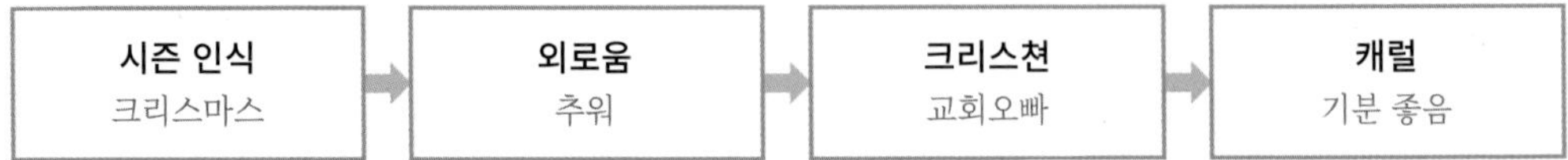

시즌 인식

➤ Christmas is so close [이제 곧 크리스마스야]

so close = 굉장히 가까운(단순히 장소뿐 아닌 다가오는 일정에도 사용 가능)

벌써 1년도 이제 다 가네… 진짜 1년이 어떻게 지나갔는지 정말 모르겠다
이제 곧 크리스마스야
Christmas is so close

➤ Christmas sucks [크리스마스 완전 싫어]

suck = '빨다'란 뜻이지만 짜증 나고 싫다는 표현도 가능

솔로만 1년째인데 크리스마스는 무슨…
크리스마스 완전 싫어
Christmas sucks

외로움

➤ It's freezing to death [얼어 죽을 것 같아]

It's freezing = 추워 | to death = 죽을 만큼

아 진짜 솔로인 것도 외로워 죽겠는데… 날씨도 날 외면하네…
얼어 죽을 것 같아
It's freezing to death

➤ I feel so left out [외롭다]

left out = '버려지다'란 뜻으로 외롭다고 느끼는 상태

그냥 단지 크리스마스 시즌일 뿐인데, 마치 뭔가 나만 빼고 세상 모든 사람들이 행복한 거 같아…
외롭다
I feel so left out

크리스쳔

➤ He's Christian [걔 교회 다니잖아]

Christian = 크리스챤

Jordan도 쏠로니까 걔랑 한잔 하라고? 야 너 몰라? 걔 토요일은 절대 늦게까지 놀지 않아… 그리고 술도 안 먹어

걔 교회 다니잖아

He's Christian

➤ I just turned it down [그냥 거절했어]

turn down = 거절하다

안 그래도 어제 전화 왔더라고… 사실 애는 나쁘지 않은데… 알잖아, 나 술 없이는 못 사는 거… 친해져도 문제야 걔는

그냥 거절했어

I just turned it down

캐럴

➤ It never gets old [이건 질리지 않냐]

never gets old = '나이가 들지 않다'란 뜻으로 언제 들어도 좋다는 표현

역시 캐럴은 모라이어 퀘리지…

이건 질리지 않냐

It never gets old

➤ They always make me feel happy [들을 때마다 기분 좋아]

make me feel happy = 기분 좋게 만든다

난 항상 캐럴 송 시작 부분에 그 종소리만 들으면 되게 흥분돼

들을 때마다 기분 좋아

They always make me feel happy

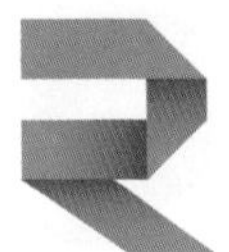

크리스마스

스키장

리얼스토리텔링

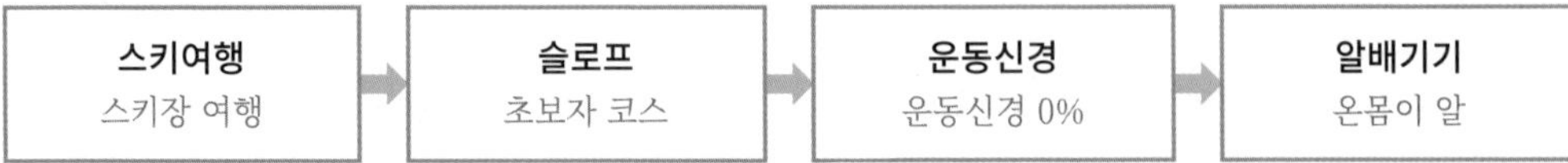

스키여행

➤You wanna go skiing? [스키장 갈래?]

go skiing = 스키를 타다

야 나 스키장 안 간지 한 3년 된 거 같아, 너 스키 타냐? 아니면 보드 타냐? 이참에 우리 애들 모아서,
스키장 갈래?
You wanna go skiing?

➤I'm down [난 콜]

I'm down = 동의한다는 표현 | 추가표현 = hell yeah

야, 난 안 물어봐도 돼
난 콜
I'm down

슬로프

➤It's too steep for me [너무 가파르다 나한텐]

steep = 가파른

뭐야 이 경사는…
너무 가파르다 나한텐
It's too steep for me

➤Where is the bunny slope? [초보자 코스는 어디예요?]

bunny slope = 초보자 코스

야 이 코스는 경사가 너무 높은데? 스키장 왔다가 병원으로 가기 싫다 난… 저기요 죄송한데요,

어디에요?	초보자 코스는?
Where is the	**bunny slope?**

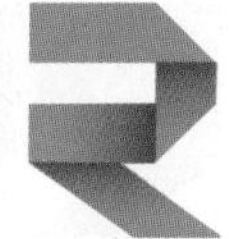

운동신경

➤ I'm dead jealous [열라 부럽네]

jealous = 부러운 | dead jealous = 열라 부러운

아니… Jean 보드 두 번밖에 안 타봤다고 하지 않았냐? 근데 왜 저렇게 잘 타?

열라 부럽네

I'm dead jealous

➤ I'm bad at sports [나 운동신경 전혀 없어]

bad at sports = 운동신경 없는

난 진짜 뭘 해도 안 되나보다

나 운동신경 전혀 없어

I'm bad at sports

알배기기

➤ I'm sore everywhere [온몸에 알배었어]

sore = '아픈'의 단어를 사용하여 온몸(everywhere)이 아프단 말로 알배었다는 표현

(다음 날 콘도에서 일어나서) 나… 일어나지도 못하겠어…

온몸에 알배었어

I'm sore everywhere

➤ I'm just gonna stay in today [나 오늘은 쉴래]

stay in = (집에서) 쉬다

너희들끼리 타고 와 난 지금 나가면 아마 가만히 서 있지도 못 할 거 같아

나 오늘은 쉴래

I'm just gonna stay in today

크리스마스

선물사기

리얼스토리텔링

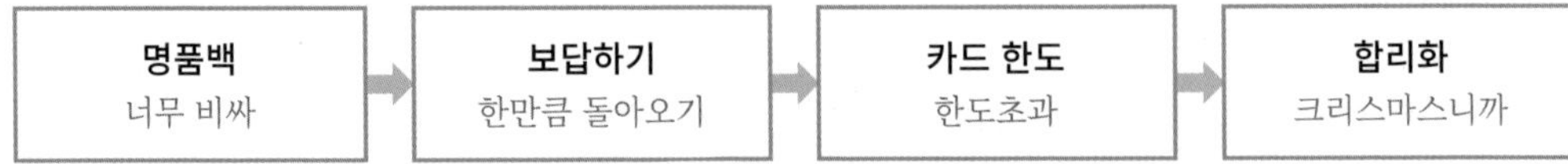

명품백

➤ This bag is way too pricey [이 백은 너무 비싸잖아]

pricey = 비싼 | way too = 너무

대박… 무슨 가방 하나가 몇백 만원이냐? 여친한테 크리스마스 선물 한 번 해주고 내년에 거지로 살겠는데?

이 백은 너무 비싸잖아

This bag is way too pricey

➤ Oh my god, he is a jackpot [대박, 네 남친 짱]

jackpot = 로또(비싼 가방을 사준 남친을 로또를 맞은 것이라 표현)

헐… Jean이 구라다 백을 사줬다고??? 이번에 나온 그 신상을???

대박, 네 남친 짱

Oh my god, he is a jackpot

보답하기

➤ What goes around comes around [한만큼 돌아 오는 거야]

goes around = 가면 | comes around = 와

괜찮아… 뭐 비싸긴 했지만… 내 여친도 뭐 선물만 받지는 않을 거잖아

한만큼	돌아 오는 거야
What goes around	comes around

➤ I'm giving him a sweater in return [보답으로 스웨터 사주려고]

in return = 보답으로

근데… 나도 설마 이 가방만큼의 선물해 줘야 하는 건가? 이건 너무 비싸서… 뭐 마음이 중요하잖아?

스웨터 사주려고	보답으로
I'm giving him a sweater	in return

카드 한도

➤ I just maxed out my credit card [한도 다 썼다]

max out = 초과하다

후우… 여친 선물이랑 레스토랑 예약으로 12월 내 카드 한도는 수명을 다했구나…

한도 다 썼다
I just maxed out my credit card

➤ It's meaningless [의미 없어]

meaningless = 의미 없는

아니… 난 참 이해가 안 되네… 크리스마스라고 뭐 그렇게 주고받아야 하는 거야?

의미 없어
It's meaningless

합리화

➤ I'm in debt from buying presents [선물 사느라 빚졌다]

I'm in debt = 빚졌어

여친 뿐만 아니라… 가족들 선물까지 사느라고… 이제 난 아무것도 할 수가 없어

빚졌다 / 선물 사느라
I'm in debt / from buying presents

➤ Christmas fits the bill [크리스마스니까 괜찮아]

fits the bill = 계산(bill)이 많아도 크리스마스이기 때문에 괜찮다(fit)는 표현

뭐 어때… 일 년에 한 번인데…

크리스마스니까 괜찮아
Christmas fits the bill

크리스마스

크리스마스 즐기기

리얼스토리텔링

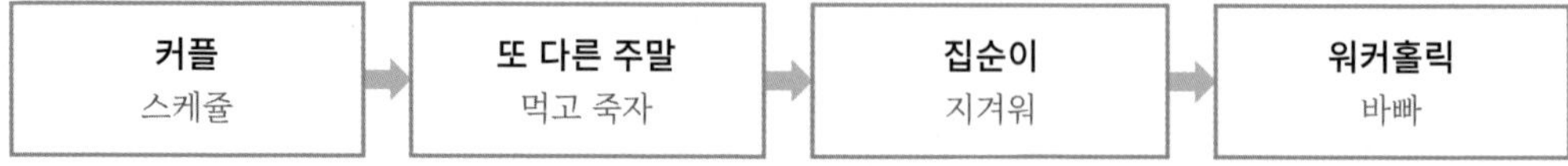

커플

➤ Our schedule is pretty tight today [오늘 우리 스케줄 빡빡해]

tight = 빡빡한 | pretty = 매우(회화체에서 강조의 의미로 자주 사용)

자기야, 오늘 우리 오전부터 만나야 해

오늘 우리 스케줄 빡빡해

Our schedule is pretty tight today

➤ I'll pick up the tab [내가 낼게]

pick up the tab = 계산을 하다

(계산대 앞에서) 아니야 자기야, 자기가 오늘 계획도 다 세우고 선물도 줬잖아

내가 낼게

I'll pick up the tab

또 다른 주말

➤ It's just another hangover weekend [그냥 숙취의 주말이야]

hangover = 숙취

크리스마스 주말은 무슨… 어차피 솔로들은 친구들이랑 술 마시는 거 아니야? 그게 무슨 크리스마스냐?

그냥 숙취의 주말이야

It's just another hangover weekend

➤ Let's get wasted [먹고 죽자]

hangover = 숙취

야 다들 온데? 일단 삼겹살집에서부터 시작하자 그다음은 몸에 맡겨

먹고 죽자

Let's get wasted

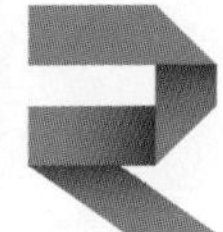

집순이

➤ It's just another day [그냥 지나가는 날이잖아]

another day = 특별하지 않은 날이라는 표현
나오라고 지금?? 싫어… 춥고… 그냥 집에서 쉴래
그냥 지나가는 날이잖아
It's just another day

➤ It's snowing like it's the end of the world [눈 오는 것 봐봐]

the end of the world = 종말(지구가 종말인 것처럼 눈이 온다는 강조 표현)
아니 야… 너 밖을 보고 얘기 하는 거야? 그냥 추운 게 아니야 이건… 눈 오는 거 봤어?
눈 오잖아
It's snowing like
마치 지구 종말인 것처럼
it's the end of the world

워커홀릭

➤ I'm super busy today [나 오늘 겁네 바빠]

super busy = 일 때문에 너무 바쁘다는 강조 표현
야… 너희들 팔자 좋다 난 오늘도 회사 출근했어… 너희들끼리 놀아
나 오늘 겁네 바빠
I'm super busy today

➤ Whatever [웃기시네]

whatever = 그러거나 말거나 / 안 믿어(상대방 말에 동의하지 않을 시 사용)
아 오늘 크리스마스이브인데 출근을 했다고? 네가? 장난하냐?
웃기시네
Whatever

크리스마스
한해 마무리

리얼스토리텔링

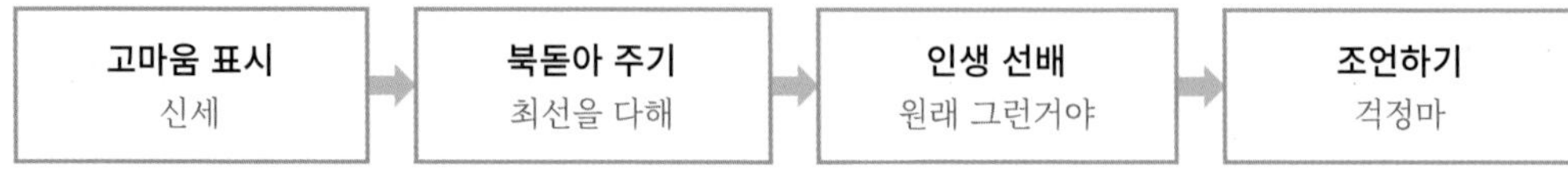

고마움 표시

➤ I'll make it up to you [신세 갚을게]

make up = 화해하다 / 신세 갚다 | make it up to you = 신세를 갚다

Jean! 올 한 해 진짜 너 때문에 잘 버텼다… 꼭 기억하고 내년을 기대해라

신세 갚을게

I'll make it up to you

➤ Don't even bring that up [그런 말 하지 마]

bring up = (화제를) 꺼내다

야 됐어 징그럽게 뭐라는 거야?

그런 말 하지 마

Don't even bring that up

북돋아 주기

➤ Way to go [잘했어]

way to go = '그 길로 가라'란 의미로 잘했다는 칭찬

나 그래도 올해 진짜 한 일은 많아 직장 승진도 했고, 술도 줄였고, 그치?

잘했어

Way to go

➤ Give it your best shot [최선을 다해봐]

best shot = 최선

맞아 나도 그렇게 생각해 내년에는 훨씬 더 나아질 거야 그치?

최선을 다해봐

Give it your best shot

인생 선배

➤ That's all you get [결국 그렇게 돼]

all you get = 본인이 얻는 것

이번에 승진에서 떨어진 거에 대해서 너무 속상해하지 말고 인생이 그런 거잖아 지금은 그럴 수밖에 없었다 생각해

결국 그렇게 돼

That's all you get

➤ That's the way it is [원래 그런 거야]

the way it is = 원래 그런 것

사람한테는 누구나 기회가 있고 그 기회가 오는 타이밍을 얼마나 잘 잡냐가 관건이잖아, 너한테 아직 그 기회가 오지 않았어, 그러니까 지금은 버텨야 해

원래 그런 거야

That's the way it is

조언하기

➤ It's better than nothing [이게 어디야]

better than nothing = 아무것도 없음(nothing)보단 시도하는 것이 낫다란 표현

머리로만 생각하고 안 될 거라 먼저 생각하지마 일단 한번 해 봐야지 젊잖아

시도는 해 봐야지

It's better than nothing

➤ Better late than never [아예 안 하는 것보단 조금 늦는 게 낫지 않아?]

better late = 조금 늦는 것이 낫다 | than never = 아예 안 하는 것보다

너무 성급하게 생각하지 말고, 충분히 리서치 해봐 시간이 걸려도 괜찮아, 나중에 후회하느니 조금 늦어도 제대로 해야지?

아예 안 하는 것보단 조금 늦는 게 낫지 않아?

Better late than never

memo

memo

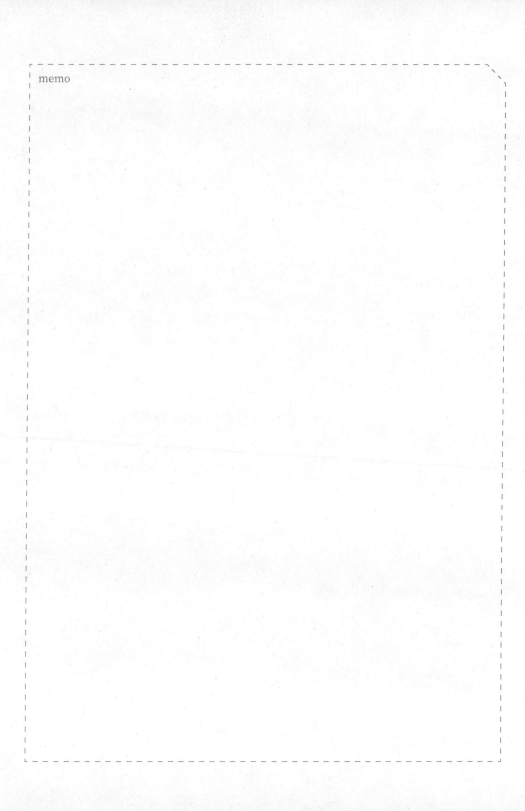

리얼영어
진짜 녀석들

REAL ENGLISH